LÚCIA HELENA GALVÃO

A lógica e a inteligência da vida

Reflexões filosóficas para começar bem o seu dia

PAIDÓS

Copyright © Lúcia Helena Galvão, 2022
Copyright © Editora Planeta do Brasil, 2022
Todos os direitos reservados.

Preparação: Amanda Moura
Revisão: Matheus de Sá e Fernanda França
Projeto gráfico e diagramação: 3Pontos Apoio Editorial Ltda.
Capa: Anderson Junqueira
Imagem de capa: KSIVA/Shutterstock

Dados Internacionais de Catalogação na Publicação (CIP)
Angélica Ilacqua CRB-8/7057

Galvão, Lúcia Helena
  A lógica e a inteligência da vida: reflexões filosóficas para começar bem o seu dia / Lúcia Helena Galvão. - São Paulo: Planeta do Brasil, 2022.
  240 p.

ISBN 978-65-5535-902-2

1. Filosofia I. Título

22-4492   CDD 100

Índice para catálogo sistemático:
1. Filosofia

Ao escolher este livro, você está apoiando o manejo responsável das florestas do mundo, e outras fontes controladas

2024
Todos os direitos desta edição reservados à
EDITORA PLANETA DO BRASIL LTDA.
Rua Bela Cintra, 986 – 4º andar – Consolação
São Paulo – SP – CEP 01415-002
www.planetadelivros.com.br
faleconosco@editoraplaneta.com.br

A LÓGICA E A INTELIGÊNCIA DA VIDA

No aeroporto, uma menininha pediu que a mãe abrisse um pacote de M&M's. A mãe, sorridente, atendeu ao pedido e lhe devolveu o pacote aberto, junto com um beijo. Singela e meiga cena. Um dia a menina crescerá, já poderá abrir e até comprar o próprio pacote de M&M's, ou qualquer outra coisa que deseje. Ainda assim, amará a mãe, mas será... um pouco diferente. Chegará um tempo, mais ainda no futuro, em que a mãe já não poderá comprar nem abrir o próprio pacote de M&M's, e a filha abrirá para ela; os sentimentos ainda estarão aí, porém ainda mais diferentes do que na cena anterior: a filha agora tem seus filhos, seu trabalho, as demandas da própria vida... e a mãe terá que achar espaço no meio delas. Um espaço que, em geral, se estreita quando o tempo avança.

Em tudo isso, guardando lugar para as sempre possíveis variações individuais, os sentimentos sofrem transformações previsíveis e "mapeáveis", até com certa antecedência. É a chamada "dança da vida", com passos nem sempre tão belos, algumas vezes dolorosos. A impressão é estranha: é como se fôssemos executantes de um software cujo final, um tanto amargo, já conhecemos desde a aquisição do "pacote".

Quando nos deparamos com um momento como o que estou vivendo hoje, em que um ente querido se vai, algumas vezes a vida nos surpreende com algo não previsto em nenhum software: pessoas sem qualquer vínculo de sangue, surgem e entram na nossa dor e a dividem conosco pelo simples compromisso com a dor humana. Pessoas que tomam para si a nossa dor e "pagam o preço" daquilo que sentimos, partilhando do nosso sentimento.

Isso me faz pensar na margem de imprevisibilidade dos sentimentos humanos. Parece que existe uma "cota básica" de sentimentos incluída no "pacote vida". E é a partir do conteúdo dessa cota, que representa apenas o começo, que o sentimento humano envereda por outra lógica, sem algoritmo previsível, numa espiral ascendente, ousada, bela e... humana. Ainda teremos vontade daquele pacote de M&M's, independentemente se podemos adquiri-lo ou abri-lo sozinhos, sem a ajuda de ninguém, mas haverá mais que prazeres e desejos desse pequeno eu, amante de chocolates, de si mesmo e de não muito mais do que isso. Que insólito processo o homem é capaz de desencadear ao desbravar novos circuitos de sensibilidade e necessidade. É como se trouxesse o coração do outro para si. Já não é gratidão, nem convenção e tampouco protocolo social que rege o processo; é pura e simplesmente o coração.

Essa constatação surpreende e dá um novo sabor à vida, aventura à vista. Quem sabe o que ainda virá, quantos corações conseguiremos compactar e incluir dentro do nosso? Aonde as necessidades deles nos levarão? Posso ousar e imaginar o ponto-final deste processo: todos os corações dentro de um, todas as necessidades humanas demarcando o próprio destino, um espaço que se expande quando a vida avança, uma outra lógica... Só o vislumbre dessa possibilidade confere uma nova perspectiva à vida, mais doce que M&M's, um contundente convite ao voo rumo a um céu humano de possibilidades, oportunidade que nenhum aeroporto do mundo poderia simbolizar.

Se é possível nomear esse fenômeno, talvez a melhor definição seja *humanidade*. Esse território inexplorado e belo como um conto de fadas. Acho mesmo que esses contos são diários de viagem de quem andou por aí e quis nos deixar uma trilha, um passaporte. Honra, nobreza, grandes desafios compartilhados, amores eternos...

Onde? Nos caminhos tão pouco explorados do coração humano, quando se abre e se expande para além de qualquer script, por um simples e grandioso ato de amor e de vontade.

> Quantos corações conseguiremos compactar e incluir dentro do nosso?

DOIS MUNDOS

O escritor norte-americano Steven Pressfield comenta no livro *A guerra da arte* (2002) que só devemos compartilhar experiências sagradas se elas tiverem alguma utilidade para o crescimento dos demais; portanto, que assim seja!

No passado, passei por um momento particularmente turbulento em que, enredada numa complexidade para a qual não achava saída, minha mente tentou negar a Deus. Foi a mais curiosa e legítima experiência de diálogo interno que já vivi. Algo em mim resistia como um rochedo que nem sequer sente aquilo que se bate contra ele. Era como se uma voz muito firme e segura me dissesse: "Ah, é? Deus não existe? E o que há dentro de você? E à sua volta? Talvez você não esteja segura sobre a própria existência, ou sobre o seu propósito de vida. Sabe quem você é?".

Cheguei à conclusão de que havia um fio tênue que separava o Deus que vivia dentro daquele Deus que vivia fora. Por sinal, eles são o mesmo. Apontei minhas dúvidas na direção correta e procurei entender a natureza e a função desse fio que me guiava!

Então eu me ouvi, compreendi e constatei. O "eu", ou seja, o endereço da minha consciência naquele preciso momento, não passava mesmo de uma fina linha "carimbada" pelas impressões que eu trouxera dos sentidos externos e povoada de "sei e não sei", "quero e não quero", "gosto e não gosto", os quais, por falta de coisa melhor, faziam o papel da minha identidade.

Constatação feita, medidas possíveis tomadas, passei a observar melhor o mundo à minha volta. Depois de percebê-lo e refletir um pouco sobre ele, encontrando ali os atributos de Deus, ousei imaginar: se os dois mundos, dentro e fora, são da mesma natureza, será que suas leis, ciclos e necessidades também são equivalentes?

Percebi que há ventanias emocionais dentro de nós, assim como há do lado de fora. Porém, do lado de fora, podemos nos proteger, já no interior, deixamos os ventos arrastarem a nossa consciência violentamente, de um lado para o outro.

Há dias e noites em ambos os mundos; no exterior, quando há luz, trabalhamos e, na escuridão, descansamos. Dentro de nós, a luz emana da sabedoria, mas nossa consciência adormece diante dela e se ativa na escuridão da ignorância.

Enfim, embora também existam estações de plantio e de colheita, não somos capazes de conquistar as sementes de pensamentos universais, os sentimentos elevados, a reflexão própria e o compromisso com a vida que nos dariam um bom plantio e a garantia de uma colheita de maturidade e síntese. Isso causa ansiedade e tristeza, provocamos um verdadeiro acidente ecológico na natureza interior e ficamos surpresos quando ele se alastra pelo mundo afora.

Esse nosso ponto atual de consciência prossegue, ignorando a comunicação dos dois mundos e semeando, de mãos cheias, no mundo interior, os desastres do futuro. Quando eles vierem, procurarão culpados, gritarão e esbravejarão: mais furacões, mais destruições.

Felizes são aqueles que, em silêncio, passo após passo, buscando o equilíbrio sobre esse fio, sabem onde pisam, quem são e a que ou a quem servem!

> Há ventanias emocionais dentro de nós, assim como há do lado de fora. Porém, do lado de fora, podemos nos proteger, já no interior, deixamos os ventos arrastarem a nossa consciência violentamente, de um lado para o outro.

REFLEXÃO DO DIA: UMA OBSERVAÇÃO SOBRE OS NOSSOS SENTIMENTOS

Sabe aquele cachorrinho que, quando você ganha de alguém, acha a coisa mais doce, linda e fofa do mundo, mas, com o passar do tempo, acaba se esquecendo disso e começa a prestar atenção apenas na sujeira, nos latidos, no trabalho que ele dá, na atenção e no carinho que ele demanda, mas que pouco a pouco você deixa de oferecer? Um dia, você recebe um amigo para uma visita e ele diz: "Seu cachorrinho é tão bonito, manso e educado! Parabéns!". E aí você se lembra de que tem um animalzinho assim e volta a dar valor a ele... Quem nunca viveu algo parecido?

Pois observei que a mesmíssima situação ocorre entre seres humanos. Uma pessoa dedica o melhor da sua energia por muitos anos a uma empresa, uma instituição ou mesmo a um relacionamento afetivo. Passado algum tempo, percebemos certa banalização desse relacionamento, a outra parte passa a valorizar pouco ou sequer enxerga o valor do outro.

Digamos que o nosso protagonista, ele ou ela, comece a fazer algo pela sociedade e seja reconhecido e valorizado pela qualidade do trabalho que faz. Parece que essa apreciação externa "desperta" o antigo parceiro, seja patrão, chefe, marido/esposa, seja quem for.

Rapidamente, quem não valorizava a outra parte reconsidera seu comodismo e desperta para o esquecido valor do outro.

Curioso, não? Que estranho "sentimento" esse que precisa ser estimulado pela opinião de terceiros para não se apagar! Diziam os antigos que o manifestado é perecível e precisa de um ponto de eternidade para se renovar. Ponto de eternidade, para nós, seria um núcleo sólido de valores humanos, bem assentado no centro da nossa identidade. A partir daí, como um farol, esse núcleo iluminaria as coisas com as quais me relaciono e avaliaria bem sua natureza e valor. Fora disso, há que se esperar que eventualmente algum navio passe por ali e jogue suas luzes à nossa volta, como um flash, cheio de reflexos duvidosos.

Não sei se me faço entender. Minha intenção não é promover a vitimização "porque também fui vítima de um caso assim!", mas fazer com que você perceba que nos revezamos nos papéis de vítimas e algozes ao longo da vida, uma vez que precisamos crescer. Se não nos aproximamos de algo sólido e real, estaremos nas mãos do impermanente e de suas flutuações, inclusive nos planos mental e emocional. Daí, a conclusão filosófica é inevitável: corremos de todos os jeitos e para todas as direções, mas não damos um passo concreto sequer se não nos aproximamos da construção de nós mesmos como seres humanos. E ressalto: construção e não condicionamento em hábitos, igualmente passageiros e de pouca cobertura.

> Corremos de todos os jeitos e para todas as direções, mas não damos um passo concreto sequer se não nos aproximamos da construção de nós mesmos como seres humanos.

FILOSOFIA E SEITAS: UMA REFLEXÃO ÚTIL

Uma das polêmicas mais acirradas que circulam sobre o significado de palavras em geral gravita em torno de "seita". Proveniente do latim *sequire* (seguir), normalmente trata, em uso corrente, de ideologias divergentes da oficial e com tendência ao isolamento social. Em extremo, também pode se referir a grupos que cultivam excessiva devoção e obediência a um líder, de quem são "seguidores", com uso de técnicas de persuasão opressivas ou manipuladoras.

Como essas ideias são todas muito cheias de matizes, se nos estendêssemos nesse assunto, cairíamos num sem-fim de etimologias e conceitos discutíveis, mas não é esse o nosso objetivo. É preciso perceber o que essas seitas propõem, não as "filosofias" supostamente atreladas a elas, pois esse é outro conceito escorregadio, uma vez que todo conjunto de ideias, homogêneo e coerente, ou não, se intitula dessa maneira, diferentemente da Filosofia tradicional e clássica, com a proposta que a trouxe à vida – aliás, podemos dizer que a Filosofia se assemelha em alguma medida às chamadas "seitas"?

Podemos nos apoiar em um dos mais conhecidos pensadores da humanidade, Sócrates, em uma de suas falas igualmente conhecidas, para começo de conversa: "Só sei que nada sei". Pode parecer um paradoxo ou uma frase de efeito à primeira vista, mas constitui um pensamento que define muito bem um filósofo: enquanto a média das pessoas se equilibra sobre supostas certezas, o filósofo encontra segurança exatamente em suas incertezas, ou seja, em saber que seus conceitos sobre o mundo são todos provisórios, apenas o melhor que logrou obter até agora, mas ele está sempre determinado a utilizar as oportunidades de aprendizado que a vida lhe oferece para aperfeiçoar tais conceitos. Em suma, o filósofo é sempre um ser em construção e um aprendiz.

Tem certezas? Sim, está certo de que o sentido da vida humana é o aperfeiçoamento, e que há um aperfeiçoamento próprio dos seres humanos, atrelado à compreensão e à vivência de valores universais, tais como fraternidade, bondade, justiça etc. Para isso, o filósofo vasculha o passado e observa o presente, atento e curioso, sempre buscando elementos que possam lhe servir de tema de reflexão sobre como melhor entender e viver esses valores. Ou seja, o filósofo ama Platão, mas está disposto a aprender com o João da Silva, se este tiver algo a lhe oferecer que forneça resposta satisfatória às suas questões sobre a difícil arte de viver como um ser humano. Ou seja, o filósofo não "segue" ninguém, mas é fiel a algo, em si mesmo, que tem sempre sede de coerência e crescimento.

De Platão a João, o filósofo sabe que todos os homens são duais, uma mistura de "um e outro", de luz e sombra, e que sempre se pode aprender um pouco com sua luz e oferecer algo da nossa, como essência da arte de viver.

A Filosofia isola? Nunca. É muito mais fácil para alguém que cresce na compreensão de si mesmo e do homem em geral entender as razões e necessidades que movem aquele parente excessivamente aficionado por uma linha religiosa, ou o amigo entusiasta de uma visão política em especial, do que alguém que não o faz. O fenômeno humano, com suas buscas e angústias, conscientes ou não, interessa ao filósofo, o que o faz sempre buscar formas de entender onde se localiza cada homem, quais as necessidades que o levaram até lá e como ajudá-lo, a partir do que cada um é e de onde está, a subir mais um degrau rumo à realização humana.

Questionador? Sempre, mas não pelo prazer de contestar, e sim pelo amor à investigação e à compreensão da vida. Como uma criança, a observação a fundo de cada detalhe e momento, banal para outros, o deslumbra. Ama a figura de um Da Vinci, que se debruça sobre uma simples planta, copiando, meticuloso, o intrincado desenho das nervuras das folhas. Nunca responde a circunstâncias semelhantes de maneira igual: uma mesma pergunta feita em dois tempos apresenta o matiz da transformação de quem fala, de quem ouve, do tempo. Sempre diferencia, examina e se detém no aprendizado que cada peculiaridade da vida lhe traz; ama dialogar com a vida... Cada nova descoberta lhe traz mais liberdade: um mundo mais amplo por onde transitar e investigar, por isso, não teme o novo, nunca rejeita nada *a priori*, nem julga o que não conhece.

Absolutamente fiéis e obedientes àquilo que percebem como valores universais, humanos, nobres e justos, os filósofos são os homens mais livres da humanidade: não carregam o peso de presunções nem de preconceitos, estão sempre leves e puros ante à vida. Não temem o conhecimento, pois sabem que este lhes dá sempre mais espaço vital; dispostos a se reconstruírem e a crescerem, os filósofos não carregam nem sequer o peso de uma identidade rígida e "concretada" pela inércia dos que chegaram até aqui. Não temem pensar como todos nem diferente de todos. Não temem pensar, enfim.

Não buscam recompensas senão a de serem cada vez mais humanos, nem temem castigos que não a ignorância e o estatismo. Difícil manipulá-los, pois nada que querem ou temem está fora de si próprios. Amantes da natureza humana, são dos que mais a compreendem e com ela se comprometem. Por onde passaram os maiores dentre eles, na História, a barbárie e a ignorância foram varridas com uma chamada poderosa em prol da fraternidade, do ecletismo e do autoconhecimento.

Seja lá o que for que se denomine como "seita", não há nada tão antípoda a esse conceito quanto a Filosofia, esta saudável e luminosa arte ou ciência, que sempre trabalhou para desenvolver o senso e o discernimento humanos.

Enquanto a média das pessoas se equilibra sobre supostas certezas, o filósofo encontra segurança exatamente em suas incertezas.

QUEM TEM ESPERANÇA FAZ MAIS DO QUE ESPERAR

Penso que todos ganharíamos muito se, em vez de gastar nosso vocabulário inconscientemente para tornar certas palavras "lugares-comuns", quase que totalmente esvaziadas de seu sentido original e até de credibilidade, reservássemos um tanto do nosso tempo para refletir sobre o que de fato queremos dizer com essas mesmas palavras. Verdade, isso é passatempo de filósofo, mas você já experimentou fazer isso? Sem querer desviar do assunto original, que é definir um filósofo, talvez você se descubra como um deles ao saborear a oportunidade de falar palavras cada vez mais conscientes e fundamentadas.

Por exemplo, "esperança", que belíssima palavra! Mas significa o que mesmo? Esperar? Agir? Sempre é positiva? Quando desejamos prosperar, por exemplo (e todos desejamos!), nada mais estamos pedindo aos céus senão que se coloquem a favor ("pro") de nossas esperanças ("spes"). Popularmente, costumamos ouvir que a esperança é "a luz no final do túnel". Certo, então, ela é boa apenas para quem deseja sair do túnel! Se o desejo é adormecer dentro dele, a luz se torna apenas um incômodo para a vista.

Enfim, parece que, quem tem esperanças, faz mais do que esperar: pede a ela inspiração para caminhar, forças para lutar, energia para não desistir. E ela nos alenta e acompanha. Há uma história que circula pela internet, dessas que ninguém sabe garantir bem a procedência ou a veracidade, mas que serve bem como ilustração, pois, se não for veraz por sua correspondência com fatos, é veraz como parábola, propícia para ilustrar uma ideia.

Trata-se de uma cobaia de laboratório, um pequeno roedor que foi jogado em uma tigela de água, em um experimento (mórbido e cruel experimento!) para saber quanto tempo resistia até se afogar. No momento seguinte, outra cobaia foi colocada na mesma tigela, mas, instantes antes de se afogar, foi retirada e salva. Depois que a secaram e a colocaram para descansar, foi colocada novamente na tigela: mensurado o tempo, percebeu-se que ela se debatia o dobro do tempo normal, pois tinha a esperança de que alguém a resgatasse em algum momento... Sim, devo mil perdões pela barbárie do exemplo, e esclareço que sou eu a primeira a me horrorizar, dado o amor que sinto pelos animais e diante de meus sonhos juvenis de ser uma veterinária e cuidar deles pela vida afora. Mas lembrem-se: estamos usando a história como parábola, como ilustração imaginária, mas plausível, de quanto a esperança duplica nossa capacidade de resistir e lutar contra as adversidades, e não apenas de "esperar" que algo ou alguém as resolva.

"A esperança é um bom almoço, mas um mau jantar", disse Francis Bacon. Se considerarmos as vinte e quatro horas de um dia uma "miniatura de uma vida", ter esperanças ao meio-dia é normal, saudável e até necessário, mas ter apenas esperanças ainda no final da tarde significa que não fizemos mais do que "esperar". Passamos da hora de correr atrás delas e transformá-las em fatos concretos. O que nosso amigo Francis Bacon – que, como todo filósofo, ama a linguagem simbólica – quis dizer é que há tempo para sonhar e há tempo para construir nossos sonhos. Aquilo que tem um sabor maravilhoso no almoço, no jantar transforma-se apenas em restos, em sobras requentadas.

"A esperança é uma arma poderosa, e nenhum poder no mundo pode te privar dela." Nelson Mandela. Toda a autoridade do mundo tem o nosso saudoso Madiba para falar disso: vinte e seis anos marcando os dias com riscos nas paredes de uma cela, para não se esquecer de que houve um primeiro dia e que, logicamente, haverá um último, alentando com esperanças seus sonhos, mantendo-os vivos, trazendo-os para atuar no mundo. Na história da humanidade, poucas experiências de esperança são tão significativas quanto essa. Mandela realmente queria a luz no final do túnel, ou seja, sonhava com luz. Aí estão os matizes mais belos da esperança humana: suas asas translúcidas brilham com o reflexo desse Fogo de ideais tão belos e dignos.

"Qual é o fantasma que nasce todas as noites e morre logo quando chega a manhã?", "É a Esperança", responde o príncipe Calaf, em *Turandot*, de Giacomo Puccini. A belíssima peça operística de Puccini, nessa célebre passagem, lembra-nos de outro aspecto importantíssimo da esperança. No meio da noite mais escura, ela nos promete o dia que virá e nos incita a caminhar para ele. No tempo da alma humana, não amanhece simplesmente porque esperamos, mas porque acreditamos, desejamos ardentemente e trabalhamos para a aurora. A esperança colore os nossos sonhos de tons de azul e púrpura; ela nos dá fôlego, mostra o amanhecer como possível, traz tinta às nossas mãos e asas à nossa imaginação. Toda aurora do espírito humano é filha dessa grande artista: a esperança.

"A esperança é um empréstimo que se pede à felicidade; há que pagá-lo!", disse Joseph Joubert. Sim, ela é a antecipação do fruto no meio da estiagem. Prova que o cultivo é válido e que o fruto é possível. Não é fantasia, é evidência, é um pedaço de futuro dado como amostra, para provarmos o gosto e nos enamorarmos dele. Todo filósofo, por exemplo, como amante da sabedoria (das palavras em grego, *philos* + *sophos*), provou, em suas esperanças, de uma fatia dessa sabedoria, servida em bandeja de ouro, e descobriu que não há gosto mais doce e delicado ao paladar no mundo inteiro do que esse. E agora, o filósofo busca essa sabedoria com todo ardor. O homem sem esperanças torna-se enfastiado, sem impulso ou garra, sujeito à inanição a qualquer momento.

"Mais do que mil palavras sem sentido, vale uma única palavra que traz consolo a quem a ouve", frase de *Dhammapada*, livro sagrado budista. Sim, eis uma grande e digna esperança humana: não deixar este mundo sem pronunciar pelo menos uma palavra deste tipo, que traz consolo ao sofrimento humano. Trata-se da nossa identidade mais profunda, daquilo que viemos acrescentar ao mundo, da palavra que só nós podemos pronunciar. Sempre tive grande admiração por um mítico herói grego, Fidípides, um hemeródromo (corredor que ia de uma cidade a outra levando mensagens urgentes) que, entre outras façanhas, correu os 42 quilômetros da planície de Maratona até a cidade de Atenas para avisar que os gregos haviam vencido os persas e assim evitar que a cidade fosse destruída. Esse herói guardou fôlego suficiente para dizer a palavra necessária e redentora: *nenikekamen*, vencemos! E tombou morto, mas em paz, com sua missão cumprida.

Sempre achei que cada ser humano tem seu *nenikekamen* a dizer antes da inevitável queda que todos esperamos, no final. Se não fizermos algo, pequeno ou grande, mas tão belo quanto a missão de Fidípedes, deixaremos de existir no mundo.

Talvez esse algo tenha relação com os sonhos de alguém, talvez com as suas próprias esperanças... Para mim, a busca dessa palavra sagrada, que dará sentido a tudo, é o grande sonho, a luz no fim do túnel. Há que se aprender com a vida para ter o que dizer e aprender a língua da vida para saber como dizê-lo, além de guardar fôlego suficiente para pronunciá-lo. Talvez seja a única coisa válida por trás de todas as sombras que nos cercam e angustiam nas noites que temos atravessado.

> Há tempo para sonhar e há tempo para construir nossos sonhos.

PARA QUE DEUS SEJA VISÍVEL AO MUNDO

Um dia desses, no meio de uma batalha épica contra formas mentais circulares, quase capitulando diante de um inimigo que ganhava trincheira por trincheira, eu procurava uma ideia poderosa o suficiente para me socorrer e inverter aquele placar ingrato. Após várias tentativas frustradas (o adversário não estava para brincadeiras), me veio a ideia redentora: por que não pensar em Deus? Se existe um pensamento com poder de fogo contra artilharia pesada, deve ser esse, com certeza.

Porém, as ideias muito boas costumam ser de difícil implementação. O que significa exatamente "pensar em Deus"? Imagens correram pela minha memória sem muito sucesso: símbolos religiosos, livros sagrados, orações e até o nascer e pôr do sol. Sim, talvez essas coisas representem Deus ou o evoquem em alguma medida e em algum momento para alguém. Mas não são propriamente Ele; não o explicitam ou mostram de forma tão direta e, portanto, careciam, para mim, da força que eu necessitava naquele instante.

Rastreando minha memória me deparei uma muito famosa frase da filósofa Helena Blavatsky, que dizia mais ou menos o seguinte: "Um único homem prova a existência de Deus, assim como uma única gota d'água prova a existência do oceano". Frase bela e muitas vezes repetida, com toda "pompa e circunstância", mas tão pouco entendida! Quantas caixas de joias desse tipo, vedadas, jamais abertas, devemos guardar dentro de nós?

Curiosamente, havia gotas de água perto de mim, vindas de um esguicho de jardim que as havia lançado mais longe que o desejado. Essas gotas eram turvas, barrentas e já formavam lama em alguma parte do caminho; definitivamente não pareciam nada com oceano nenhum. Mas, de repente, uma voz interna retrucou, de forma bem enfática e convincente: "Não parece porque tem muito mais do que simplesmente água aí dentro. Com tanta sujeira misturada, ela não é uma gota de água de verdade. Se tirar tudo o que não é gota, parece, sim!". Que fulminante essa constatação, simplesmente fulminante. Um processo prodigioso disparou dentro de mim: na mente, no coração, no corpo. Sistêmico, portanto. Lembrei-me de quantas vezes tinha tentado entender essa frase, olhando para os homens e procurando por Deus, através deles, e não via nada de parecido, nada... Se tirar tudo o que não é humano... Parece, sim!

Numa velocidade impossível de precisar, mas quase instantânea, minha memória começou a puxar uma torrente de recordações, percorrendo minha vida de cima a baixo, como uma criança que, no Natal, procura os presentes escondidos pela casa. De repente, borbotões de visões de Deus amontoados diante de mim, ou seja, momentos de pureza humana: do artesão simples que não aceitava quase nada por seu trabalho e dizia que a minha alegria era o melhor pagamento, até a criança que me presenteou, um dia, com uma caixinha de fósforo em que havia prendido um raio de sol (o mais bonito!).

Do amigo que surgiu "do nada", num telefonema no momento de maior dificuldade, à amiga que sempre aparecia a tempo de recolher a primeira lágrima que corria, sem apelos e súplicas. Desde o jovem quase desconhecido que acompanhou e velou por cada minuto de um momento doloroso, tornando a dor também sua, até a pré-adolescente que recolheu as moedinhas da pequena mesada para ajudar no enxoval de uma mulher grávida, solitária e sem recursos, e embalou para presente parte do próprio coração junto com aquelas coisinhas compradas para dar à gestante. Tantas e tantas coisas assim! Um exército poderoso e arrasador de memórias de Deus, diante do qual as sombras retrocederam imediatamente. Uma espécie de pequena teofania, na medida das minhas possibilidades; simples, mas regada por algumas das mais belas lágrimas que já derramei na minha vida. Tão difícil reduzir a palavras esse acontecimento!

Ajudar o homem a ser puro, a ser realmente e apenas humano, começando por nós mesmos, com certeza é abrir portas para que Deus seja cada vez mais visível no mundo. Que simples e belo!

Terminei uma batalha bem travada com uma certeza, aguda e profunda, como que cravada na minha alma: se algumas das coisas que fiz na vida, uma ou duas, que sejam, servirem de inspiração para que alguém, algum dia, também viva seu momento de pequena "teofania", tudo terá valido a pena... Para que mais?

Porém, em meio a tanta banalidade e batalhas perdidas, diante de tantos recursos mal utilizados e do desperdício de vida, talvez a pergunta a nos fazer não seja essa. Diante de um objetivo tão absolutamente justo e humano, digno e inspirador, por que menos?

> Ajudar o homem a ser puro, a ser realmente e apenas humano, começando por nós mesmos, com certeza é abrir portas para que Deus seja cada vez mais visível no mundo.

QUEM REALMENTE CRÊ, DE NADA NECESSITA

"Oferecendo-me todas as tuas ações, serás livre dos vínculos da ação e das suas consequências. A tua mente torna-se, assim, bem equilibrada e harmonizada, e capaz de unir-se a Mim."

(*Bhagavad Gita*, cap. IX, p. 28).

Concluí hoje o que parecia tão óbvio, mas que não havia percebido até então, pelo menos não com a clareza suficiente: a verdadeira fé não consiste em coisas futuras, pedidas com fervor e crença na justiça da demanda. A verdadeira fé já é o alcance, e não o pedido. Quem realmente crê, não apenas por suposição, mas por visão e constatação interna, de nada necessita. Quem ainda tem necessidades, não viu de fato. A fé traz em si paz, felicidade, realização, ela basta a si mesma para completar a vida de um ser humano. Ela é a visão, ainda que fugaz, de um Todo pleno, em que não há lugar para carências nem para expectativas. Tudo está, tudo é, neste mesmo momento. Fé é o contato com a eternidade através de uma fresta do tempo.

Esta manhã, ao ouvir uma música do filme *Os Miseráveis*, lembrava-me do personagem Jean Valjean, de Victor Hugo, e percebi como a fé, até mesmo depositada no próprio homem, quando se crê na existência de um homem com esse nível de virtudes e, ainda mais quando se percebe essa possibilidade latente em nós, já nos ampara com paz, segurança e preenchimento; ela oferece sonho, garra e sentido.

"Uma gota d'água prova a existência do oceano, assim como um único homem prova a existência de Deus", dizia Helena Blavatsky. Existe Deus, existe o homem, existo eu. Onde eu buscaria paz e felicidade maiores?

> A verdadeira fé não consiste em coisas futuras, pedidas com fervor e crença na justiça da demanda. A verdadeira fé já é o alcance, e não o pedido.

BOM DIA!

Virou meme nas redes sociais e nas trocadas no mundo digital o hábito de dar bom-dia a tudo e a todos, até ao sol. E virou meme do mundo concreto criticar isso. Fiquei imaginando qual necessidade expressamos por trás desse comportamento (de saudar, e não de criticar!). Em *O banquete*, Platão diz que até a busca de reproduzir-se no Belo (os animais não buscam fêmeas belas para se reproduzirem) tem algo inconsciente por trás, como uma necessidade de atributos divinos, ansiosos por "vir à luz" dentro do homem. Eu creio nisso, creio que "bom dia" é uma busca inconsciente do Bem. O sol sabe o que é um "bom dia" para ele: aquele em que ilumina, aquece, vitaliza, suas trilhas são de vida. O que é um bom dia para um homem?

Lembre-se de que Bom é diferente de agradável. Deve ser um dia em que crescemos e também iluminamos, pois também temos algo de sol em nós. A tradução de um "bom dia" filosófico, consciente, creio eu, deveria ser mais ou menos assim: "Eu te vejo, eu te desejo o Bem, e me comprometo a ajudar a promovê-lo junto com você no dia de hoje". Começando por dizê-lo ante o espelho. Que tal experimentar? Bom dia a todos!

> Também temos algo de sol em nós.

TANTA PRESSA...

Mais uma manhã no trânsito, tarde e noite, indo e voltando, com carros que passam voando por mim. Um dia, minha filha me falou que as pessoas deveriam colocar o número do celular no vidro... "Para quê, minha filha?", perguntei, sem captar o tom irônico e sutil dela: "Para ligarmos e sabermos se deu tempo, mãe! Deve ser muito urgente o que ele vai fazer!".

É verdade, deve ser mais do que urgente, deve ser desesperador. Sem bairrismos, Brasília deve ter alguns dos mais belos amanheceres e crepúsculos do mundo. Pelo caminho, sempre é possível ouvir algum sabiá dobrando o trinado; sempre se vê algum cãozinho desocupado rebolando de barriga para cima na grama úmida (deve ser muito bom isso!). Mas nós... Temos pressa.

Não vou aqui delinear o óbvio, que todos já preveem: a maioria absoluta não tem pressa nenhuma. Correm para a televisão, para a mecanicidade, para o sono, para a solidão. Não há alvo a alcançar com essa correria, em geral, nada que seja urgente ou que tenhamos conseguido tornar importante.

Depois de anos sem entender e nem mesmo me perguntar as razões disso, acabei convidada, pelas circunstâncias, a uma resposta. Numa estrada vazia, um caminhão seguia a uns 40 ou 50 quilômetros por hora. Sinalizei com a seta e o ultrapassei, como de praxe. Porém, ao passar ao lado dele, o olhar do motorista chamou a minha atenção. Era raiva incontida que havia ali, frustração, como se eu o humilhasse ao ultrapassá-lo. Numa descida, ele embalou o caminhão e me passou a mais de 120 quilômetros por hora, num lance que demonstrava triunfo e vingança, muito mais que mero excesso de velocidade. Esse motorista me fez prestar atenção a algo tão simples e cotidiano: ultrapassagens. Percebi que não se trata de pressa propriamente dita, mas de afirmação pessoal. Todo ser humano necessita de um minuto de glória, de vitória, de superação de algo. No vazio de uma vida banal e sem objetivos, eu me afirmo superando o carro à minha frente; provo a ele, por um minuto, que sou melhor motorista, que tenho melhor carro, que sou especial. "Passar na minha frente? Que desaforo! Está pensando o quê?" É claro que essa competitividade selvagem que tanto nos escraviza não deve se mostrar apenas aí; esse é apenas o seu momento de exibição mais ridícula (ou não?). Sem fôlego ou musculatura moral para superar a nós mesmos, sem vida interior para nos alimentar de alvoradas ou de crepúsculos, sem sonhos nem objetivos maiores, vivemos numa marcação palmo a palmo contra aqueles que passam por nós. Sempre "contra" e não "com". Sempre sozinhos... E correndo para o nada. Não importa o destino, mas chegar primeiro. E se o destino for um abismo?

Que insólito... Os corredores compulsivos são, na verdade, sedentos compulsivos, querendo, inconscientemente, chegar a um lugar ao qual não se vai de carro: o interior de si, para encontrar os próprios sonhos, para alcançar um sentido maior e real para a própria vida. Concordo, isso é urgente, mesmo. Por isso e por tantas outras coisas, eu, agora, passando por um horizonte cravado de raios vermelhos, como uma despedida tardia da luz que já se foi, levando mais um dia que nunca se repetirá, reflito comigo mesma: que bom motivo para realizar o meu melhor, para rastrear e encontrar esse caminho e, depois de tudo, empenhar o meu melhor esforço... para construir um mapa. Esse é o ofício e o sonho dos aprendizes de filósofos, amantes de sabiás, de auroras e de vidas vividas sem pressa e sem pausa.

> Sempre sozinhos... E correndo para o nada.
> Não importa o destino, mas chegar primeiro.
> E se o destino for um abismo?

VOLUNTARIADO

"Onde encontro um ser mortal, encontro Vontade de Poder", frase atribuída ao filósofo Friedrich Nietzsche. Em 28 de agosto é comemorado o Dia Nacional do Voluntariado, instituído em 1985. Na Organização Internacional Nova Acrópole, o voluntariado é o nosso dia a dia, e, no meu caso, já faz vinte e nove anos. Portanto, creio que poderia dizer algo sobre esse dia e sobre essa virtude humana.

Não escapa à atenção de ninguém o fato de que o voluntariado tem sido cada vez mais abraçado pelas pessoas e instituições, e de que isso é uma esperança. Mas, como tudo que é humano pode ser sempre aperfeiçoado, acrescento algumas observações a respeito do assunto.

Já encontrei vários tipos de voluntários. Alguns o faziam por se considerarem em falta com os homens ou com Deus e por quererem "saldar" um débito por conta de erros passados. Esse é um voluntariado que tem data para terminar (quando é resgatada a última "prestação" dos enganos cometidos), além de ter uma mácula de egoísmo. Você me dirá, talvez: "Melhor assim do que não fazer nada!". Eu concordo, mas acho que essa ação poderia se aperfeiçoar ao longo do tempo e harmonizar fins e meios, afinal, a busca da coerência e da harmonia também é virtude.

Outros sentem a necessidade de fazer um sacrifício em prol do bem alheio. Também acho válido e até belo o espírito de altruísmo. Mas essa postura sempre me faz lembrar de alguém que, um dia, após uma boa ação, desferiu a seguinte sentença: "Eu abri mão de muitas coisas por isso!". A expressão caiu mal e me pareceu um lamento por perder algo de maior valor, que talvez trouxesse mais prazer e satisfação, trocado por algo de menor valor, dolorido, "sacrificado". Ainda não é bem o espírito do voluntariado com que sonhamos.

Um dia desses, lendo Nietzsche, pensei sobre a "vontade de poder" e lembrei-me de que voluntariado vem do latim *"voluntas"*, vontade, e pensei se essa não seria uma boa explicação para o que buscamos definir como o legítimo significado de "voluntariado". O filósofo diz que é inútil a moral que busca converter o homem através de máximas insípidas, como "seja bonzinho, seja bem-comportado etc.". Todo ser humano busca, consciente ou inconscientemente, o Poder, e isso pode ser educado e convertido em ações morais.

Aqui, nos deparamos com um preconceito nosso: "Mas o Poder corrompe...". Não creio. Situações que envolvem Poder são a oportunidade para que a corrupção, que já estava latente num homem em particular, se manifeste. Como dizia Machado de Assis, está errada a máxima popular que afirma que a ocasião faz o ladrão: "A ocasião faz o furto: o ladrão já nasce feito". Poder é capacidade de ser, de fazer, de realizar, de transformar. A própria etimologia do nome poder vem do latim *"potis esse"*: posse do ser. É o atributo mais divino que consigo imaginar. Não ouso pensar em um Deus débil... Quem nega o poder, faz culto, inconscientemente, à debilidade.

Quando olhamos para o passado, longínquo ou recente, e vemos a grandeza, a pureza e a bondade que certos homens foram capazes de manifestar, não podemos nos furtar à conclusão de que esse potencial humano também existe, adormecido, em nós. Não é à toa que o filósofo Platão dizia que todo homem deveria se inspirar em heróis, pois eles relembram quão grandes podemos ser.

Enamorar-se da nobreza latente que a nossa natureza presume e querer profundamente vivê-la, trazê-la à tona, é Vontade de Poder. Continuava Nietzsche: "Há de se substituir os códigos de moral por códigos de nobreza...".

Eu não chegaria ao exagero (tão tipicamente nietzschiano) de abolir códigos de moral, pelo menos não tão cedo, mas chego realmente a duvidar que alguém ousaria dizer: "Eu sacrifiquei muita coisa para ser humano, para ser nobre..." O que você sacrificou, meu caro? O que havia de melhor na sua vida do que isso? E se aquilo que foi "sacrificado" era inferior ao que ganhou, por que o lamento? Não seria mais lógico dizer: "Eu sacrifiquei muito voluntariado por banalidades momentaneamente prazerosas, mas sem maior valor"?

Eu me chamo Lúcia Helena Galvão Maya, sou voluntária da Organização Internacional Nova Acrópole e trabalho quase todos os dias naquilo em que acredito. O meu voluntariado não é "perfeito", pois eu mesma estou muito longe disso, faço apenas o melhor que posso. Mas, como filósofa, não abro mão do direito de sonhar com um voluntariado que seja glória e êxtase pela condição humana que me cabe, momento de felicidade e de realização não permutável por nada neste mundo. Isso me torna um ser em construção, enamorada da vida humana e dos seus sonhos mais dignos, entre eles o de servir ao Bem, e voluntariamente.

> Todo homem deveria se inspirar em heróis, pois eles relembram quão grandes podemos ser.

SOBRE MULHERES, PRINCESAS E LIBÉLULAS

Alguém já deve ter assistido a um filme produzido em 1995 chamado *A Princesinha*, daqueles que pretendem ser infantis, mas acabam interessando a todas as idades. É algo como um mito moderno, com um visual deslumbrante.

Lá pelas tantas, no filme, a menina Sarah, a princesinha do título, dispara a seguinte frase para a srta. Minchin, mulher amarga e fria que a acusara de não ser mais uma princesa, porque o pai morrera na guerra e a deixara sem nada: "Todas as mulheres são princesas; ainda as que não são belas, ainda as que já não são jovens. Todas as mulheres são princesas! É um direito nosso! Seu pai não lhe ensinou isso? Ensinou?".

Quando busco na memória por belas imagens de filmes a que assisti, essa cena sempre me vem com muito carinho, quase como uma "profissão de fé": Eu sou uma princesa, todas nós somos! Como pudemos duvidar disso?

Nesse momento, passa por mim uma elegante jovem de sapatos de salto alto fino. Acho curioso como é natural na mulher saber que o belo vale mais que o cômodo; como ela sabe que, quanto menos tocar no chão, quanto mais buscar o elevado, o celeste, mais bela e delicada ela fica; é quase que uma intuição (atributo emblemático no feminino).

E os sentimentos femininos? Todos tendem também para o céu. Pouco importa a aparência de alguém se essa pessoa é honesta e gentil, e tampouco se é frágil e desprotegida, e necessita de nossa atenção. E isso é válido para uma plantinha ou uma flor, para um animal ou uma pessoa... Nossos sentimentos sempre usam "saltos altos": admiram e cultivam a alma dos fortes, ou envolvem e acalentam os frágeis. Somos motivadas por essa explosão de realização que traz, para qualquer mulher, a oportunidade que a vida nos dá de transbordar amor, que se realiza no próprio ato de "transbordar", e basta-se a si mesmo.

Nossa energia não é explosiva, mas contínua e tenaz, capaz de velar pela vida por todas as noites que esta mesma vida nos oferecer, sabendo alimentar-se do bem-estar e do crescimento do outro, sendo essa a única e valorosa recompensa. Penso que até as plantas do jardim se sentem mais serenas quando uma mão feminina cuida delas; sentem que ela não faltará, que sempre estará ali, ainda em dias de tempestade. Cuidar da vida no meio da tempestade tem algo de heroico e glorioso para o feminino, que nunca recusa oportunidade assim.

Como nós mulheres sabemos mergulhar no mundo mental com objetividade e prática, buscando a solução para aquilo que necessitamos resolver! O ato de custodiar não permite protelações ou divagações, pois a vida tem ritmos a serem respeitados. Sempre voltamos desse plano com o alimento de que necessitamos: temos tantos filhos à nossa espera! Nossos sonhos também são nossos filhos, a serem cuidados e alimentados.

Outra curiosidade é que talvez nosso principal adorno seja uma grande pedra de ímã: tudo e todos se agregam à nossa volta. Somos ponto de encontro, de harmonia e de união. A matriarca, madura e ponderada, é sempre o coração de todo clã.

E o nosso coração? Ah, se os cavalheiros soubessem como é ousado o sonho do nosso coração! Dizem os conhecedores que o arquétipo feminino em relação a todo cavalheiro se identifica muito bem com o personagem Lancelot, da saga do Rei Arthur: sonhador, nobre, a serviço de uma causa humana, maior do que sua própria e simples existência material. Como nosso amor é, por definição, idealista, idealizador e celeste, sempre podemos oferecer asas a quem amamos, e como é triste guardar essas asas eternamente quando não encontramos quem esteja disposto a voar.

Quando eu era pequena, acreditava firmemente que as libélulas eram fadinhas encantadas por uma bruxa malvada, tocando as águas à procura do antigo reflexo. Hoje, penso que as mulheres são libélulas encantadas pela maldição do esquecimento da própria identidade; esquecem-se de que devem apenas roçar as águas do mundo material com "salto alto", delicadamente formando círculos concêntricos infinitos, e que sempre devem carregar dois pares de asas, pois é preciso manter um como reserva. É possível haver alguém por aí que entenda a caminhada de Lancelot, a necessidade das princesas e o sonho das libélulas. E é neste sonho que reside a nossa única, real e legítima identidade, afinal.

> Nossos sonhos também são nossos filhos, a serem cuidados e alimentados.

VOCÊ É UMA PESSOA DE SUCESSO?

Gostaria de começar este pequeno texto com uma curiosidade etimológica: tanto a palavra "sucesso" (do latim *succedere*, vir depois), quanto sua irmã gêmea, "êxito" (do latim *exitus*, saída) transmitem a mesma ideia: ultrapassar, deixar para trás. A conotação positiva dada a ambas indica que o que foi superado não era agradável ou conveniente, ou que a libertação ofereceu possibilidades mais amplas ou melhores para quem se libertou. A curiosidade que destaco é que tanto sucesso quanto êxito, em nosso tempo histórico, significa a conquista de algo desejado no presente, não a superação de algo que ficou restrito ao passado. A primeira acepção é apoiada em desejos; a segunda, em liberdade. Uma, em posse das coisas; outra, na posse de si mesmo.

Considerando a condição humana como uma jornada da ignorância à sabedoria, sem pressa e sem pausa, creio que a grande libertação é mesmo da ignorância com sua prole, tendo como primogênito o egoísmo.

Se você me diz que é uma pessoa de sucesso, ou que alguém o é, eu posso, com esse ponto de vista, considerar que você está apto a conquistar o necessário para prosseguir rumo à plenitude da condição humana. Pode estar destituído das armas ou ferramentas necessárias, mas está perfeitamente apto a construí-las ou conquistá-las sempre que a vida assim o exigir.

Uma pessoa de sucesso (ou de êxito) conhece muito bem o princípio da filosofia oriental, que diz: "O que é realmente teu não pode ser tirado de ti". Está apta a gerar os meios necessários, mas também a perdê-los, sem jamais perder a si própria. Conhece muito bem o segredo de um jogo de videogame: quando alguém apertar o botão de "desligar", na tela, tudo desaparecerá. Mas não a garra e a habilidade para construir tudo de novo, ainda melhor que antes. Isso é seu e, talvez, imaginam os mais ousados, não termine nem mesmo quando a morte apertar o botão de "desligar". Seguro e sereno é o homem de sucesso, pois sabe que sua conquista jamais lhe poderá ser arrebatada.

Não se esqueça: a vida é dual e instável. Se alguém apoia a grandeza na quantidade de coisas de que dispõe, sejam objetos físicos ou psíquicos (necessidade de honras, reconhecimento etc.), isso significa que a grandeza está nas coisas, e não na própria pessoa. Os grandes homens foram os que muito deram, não os que retiveram muito, interrompendo o fluxo da vida. Libertaram-se de tantas amarras que foram capazes de atravessar a vida sempre de mãos cheias, e os frutos de seu trabalho têm brotado pelos caminhos do mundo há gerações.

Por isso, como filósofa, eu gostaria de indagar: você é uma pessoa de sucesso? Em caso positivo, meus parabéns! Os fatos se sucedem e seguem o próprio curso para se tornarem uma simples memória, mas não podem lhe arrastar junto. À sombra do seu exemplo, muitos outros também ousarão resistir!

A vida é dual e instável.

CARMEN... CARMIM É O DRAMA HUMANO!

Em geral, quando alguma obra dotada de legítimo valor artístico retrata de maneira intensa e vívida o drama humano essencial, ou seja, o homem dividido entre o céu e a terra, a virtude e o vício, o caminhar em direção ao divino ou "retroceder às bestas", como dizia o filósofo renascentista Giovanni Pico della Mirandola, em seu admirável *Discurso sobre a dignidade do homem*, não se engane: trata-se de uma versão a mais do mito. É o antigo e imortal "mito da tentação", tratado por tantas chaves teológicas e filosóficas e ilustrado magistralmente no clássico indiano *Bhagavad Gita*. Ademais, a belíssima obra *Carmen*, do compositor francês Georges Bizet, baseada no romance homônimo de Prosper Mérimée, é um bom exemplo disso.

A ópera em questão tem uma história distante do romantismo desencantado ou desiludido que costumamos ver nos libretos das tradicionais óperas italianas. Na peça, a cor predominante não é a cor-de-rosa, mas o vermelho, intenso e sanguíneo, das paixões. A cigana Carmen abre a ópera indo "à caça", não do cavalheiro mais belo, rico ou de maior patente, mas do mais puro. O provinciano Dom José, cujo futuro já está mais ou menos delineado (dar sustento à abnegada mãe e desposar a inocente Micaela), é a vítima perfeita.

O insidioso "canto de sereia" de Carmen vai, pouco a pouco, "dissolvendo" todas suas frágeis amarras morais: o amor (Micaela e a mãe), a lealdade (os valores da milícia), a honestidade e até... a sanidade. Esse argumento lembra, em gênero, número e grau, a ópera *Parsifal*, de Wagner, em que a belíssima Kundry, instruída pelo mago negro Klingsor, seduz o Rei Amfortas ("amor forte", melhor dizendo, amor passional), que, ao ceder aos seus encantos, perde a dignidade, a guarda das relíquias sagradas e adquire uma ferida que nunca cicatriza. Já o herói Parsifal, o ungido pelo Graal, é puro por mérito e não por falta de experiência, contempla os jogos de Kundry com um misto de distância e compaixão.

Não é o caso do pobre Dom José, os desejos o arrastarão até o abismo e lá o soltarão e o assistirão cair, com um sorriso nos lábios... Carmen é Kundry e Klingsor ao mesmo tempo, em um só personagem. Levado aos seus limites, não restará a Dom José alternativa a não ser matá-la, para recuperar a si mesmo.

Confesso que essa cena me provocou uma certa "reminiscência" do clássico indiano *Ramayana*, quando Rama mata o demônio Ravana e recebe dele, após o combate, uma "carta testamento"... Assim que Carmen estava morta, também esperei que alguém chegasse para Dom José com uma carta testamento da parte dela, mais ou menos com o seguinte teor: "Dei minha vida... para que você assumisse as rédeas da sua!".

Há uma observação prática de minha parte, que é a seguinte: quando algo alcança um reconhecimento acima da média por aqueles que amam a beleza – mesmo que isso quase nunca aconteça de imediato, mas ao longo dos séculos –, significa que tocou o coração humano em alguma de suas "cordas" mais expressivas; isto é o clássico. Por isso tudo é intenso e dramático no clássico *Carmen*. É o drama humano, na plenitude de suas cores, embalado por algumas das mais belas árias já compostas... inesquecível.

Grata, Bizet!

> O coração humano em alguma de suas "cordas" mais expressivas; isto é o clássico.

UMA LUZ SOBRE A PATERNIDADE

Num mundo tão informativo e, por outro lado, tão eternamente carente de laços profundos, talvez fosse conveniente, hoje, refletir não sobre fatos, mas sobre os sentimentos que a palavra "pai" provoca. Pois, ainda que possa parecer incomum, num tempo em que as emoções parecem incontroláveis e avessas a qualquer abordagem mental, refletir sobre sentimentos é, não só possível, mas também útil, pois esses fenômenos afetivos amadurecem muito quando refletimos sobre eles; tornam-se mais sólidos, profundos e bem "enraizados".

Tudo o que é humano, em geral, se expande e floresce com a reflexão, enquanto o impulso animal retrocede. Refletindo, então, sobre a palavra "pai", a imagem mais sugestiva que me veio à mente foi a deste pôr de sol que presencio agora. Como o sol é paterno, em sua rota vertical e luminosa! Numa postura digna, sabe qual é o seu papel: iluminar, aquecer, dar vida, mas deixar seus filhos livres para optarem pela luz ou pelas sombras, se assim o quiserem ou necessitarem – que vivam como preferirem! –, mas, para aqueles que querem estar com ele, a opção pela luz é necessária e indiscutível.

O sol, com sua força, grandeza e fidelidade a si mesmo e à própria missão e, ao mesmo tempo, respeito pelo ritmo e distância que cada ser vivo necessita, e pela luz que cada um pode receber, apresenta uma generosidade discreta, de quem não espera nada em troca, mas se dá simplesmente por ser o que é, pois o faz sem expectativas.

A natureza é sempre simbólica, o que equivale a dizer que é pedagógica em todas as suas manifestações. Todos os exemplos que ela nos oferece são caminhos para a realização humana. Que ser humano não gostaria de ser um pequeno sol para os filhos? Que estímulo maior para isso do que o amor que nutrimos por eles? Quando vemos e entendemos os modelos oferecidos pela vida, pelo sol, por tudo que é belo e harmonioso à nossa volta, compreendemos melhor nosso próprio papel. E é o amor que nos impulsiona a vivê-lo, pois, naqueles momentos em que queremos retroceder e nos acomodar em nossa inerte e egoísta zona de conforto psicológica, a voz do amor diz: "Caminha!".

Ou seja, a vida nos dá os objetivos e as ferramentas, os meios e os fins. O jovem, tão frágil e inseguro em outras circunstâncias, com o filho adormecido nos braços, tem algo de sol no semblante, cumpre a missão de que tanto falavam os gregos: foge à banalização e sacraliza a vida. No Dia dos Pais, o sol nascerá festivo, como em todos os dias, mas nascerá de maneira especial para os pais que queiram vê-lo e ver a si próprios através do mito. Nesse dia, eles serão, todos, um pouco mais luminosos!

> Tudo o que é humano, em geral, se expande e floresce com a reflexão.

MISTÉRIOS DO CORAÇÃO HUMANO

Há quem diga que as coisas a se conhecer serão muito repetidas até que cada um possa e queira entendê-las, ou seja, até elas se tornarem algo concreto em nossa vida, ou até que cada um se disponha a concretizá-las.

Por esses dias, assim ocorreu comigo em relação a um antigo ensinamento. Segundo a filosofia oriental, falava-se que o Ser que está por trás de todo o Universo é tão misterioso que a única coisa que podemos afirmar sobre ele é que se manifesta e se recolhe, ciclicamente, como as sístoles e diástoles do coração. Que bela relação simbólica! De repente, senti vontade de visualizar uma imagem desse tal Coração... E, depois dele, tentei ver o coração do sistema solar, o do planeta, o meu coração/essência espiritual e, por fim, este coração pulsante que marca sua rítmica presença no meu corpo físico.

Por um momento, imaginei todos esses corações/Centros, distribuidores de vida em planos muito diversificados, feito parentes, pertencentes a uma única categoria de Seres-coração e em constante comunicação entre si. Como fez sentido!

Lembrei-me das diversas noites sem conseguir dormir, do pulsar totalmente anômalo do meu coração e da dor aguda, como se ele não fosse parte do meu corpo, mas um ser autônomo, querendo me transmitir algo.

Lembrei-me das curiosas discussões entre o coração e a mente, dentro de mim, quando esta última repassava o dia, na memória, e dizia: "Nada de errado aconteceu!". E, o coração, impassível ante essa argumentação, doía e incomodava, perturbando o sono. Enquanto eu não calava a mente e mergulhava nele, perguntando o que ele tinha a me mostrar, não conseguia pacificá-lo... então, ele me conduzia exatamente à cena, ao momento do dia em que o tinha ferido, em que tinha atropelado os protocolos da vida. Era nesses momentos que eu me comprometia a corrigir esse erro, só assim lograva acalmar o coração; quantas vezes!

Parecia, para mim, como se ele fosse um portal, um mistério, uma passagem, talvez, como um longo corredor... rumo a outros corações maiores, dos quais ele seria parte. Hoje, quando me lembro de tantos mestres, na história, que diziam falar com Deus, fico imaginando por quais "corredores" transitavam eles rumo a tais encontros. E agradeço por meu dolorido coração, pelas esparsas "palavras" que esboça e pelos espinhos a serem retirados dele, tantas noites afora, em vez de comprometer-me com os cânones que devem reger a Vida.

Um desses dias, ao ler uma reportagem sobre o antigo Egito e a impressionante tecnologia daquela região, o jornalista responsável comentava que o único equívoco dos egípcios foi dizer que o coração é o centro do entendimento humano... Nosso velho hábito de julgar o que não conhecemos. Honestamente, creio, como acreditavam os egípcios, que "o coração do homem é o maior mistério do Universo". E talvez o umbral da condição humana esteja exatamente na capacidade de ouvi-lo, percebê-lo e "dialogar" com ele.

Subitamente, recordo de Homero e de sua *Odisseia*, quando o teimoso Ulisses, em busca de sua alma ítaca, só a encontra após perder os próprios barcos, homens, roupas e emergir no oceano totalmente despido, exceto por um véu, doado pela deusa Ino, que cobria apenas... o coração dele. Assim, encontra o povo dos feácios, que o levou a salvo, para casa. A qual "odisseia" de retorno à casa espiritual se referia o antigo poeta? À de Ulisses? Ou à da humanidade? Enfim, mistérios, que talvez só interessem aos filósofos. Interessam a você?

> Hoje, quando me lembro de tantos mestres, na história, que diziam falar com Deus, fico imaginando por quais "corredores" transitavam eles rumo a tais encontros.

CONSTÂNCIA E VIDA

Eis aqui uma ideia insólita: uma esfera em chamas. Várias outras esferas cismam de girar em torno dela, à distância, uma atitude prudente. Ao mesmo tempo, giram sobre si próprias. O pequeno giro gera os dias; o grande, as estações.

Imagine que essas esferas fazem esse movimento um dia, dois dias, mil dias, e que coisa nenhuma acontece. Mesmo assim, elas inventam de fazê-lo sempre, indefinidamente. Sem tédio, sem dúvida, com ritmo e perfeição, sem sequer cogitar fazer outra coisa, ou estar em outro lugar, ou "até quando".

E aí, um dia, nasce a vida, com toda sua intensidade e força, espalhando-se em todas as direções, até trazer à luz o grande milagre: o olho que vê a vida, a consciência. E aí nasce o segredo dessa mesma vida: uma única ideia, ainda que simples e singela, como o rolar de esferas, e um ritmo perfeito e inabalável, rastro da Vontade.

O ritmo constante invoca a vida, e ela atende, com toda sua plenitude, traçando as formas. Lembre-se disso sempre que necessitar gerar vida.

> O ritmo constante invoca a vida.

UM DIA A MAIS... OU O PRIMEIRO DE TODOS OS DIAS?

Eu entendo a sua situação: é um dia cansativo, mas ainda é cedo para deitar.

A televisão fala sozinha, num canto, as coisas de sempre, ditas do mesmo jeito, e você procura algo que valha a pena no jornal do dia, jornal esse que só deu tempo de ler agora. Um barulho na casa do vizinho. Alegria? Dor? Não é problema seu. Qual problema é seu, então? Por que algo diz a você que as coisas não vão bem, embora tudo corra dentro da aparente "normalidade"?

Observe a poltrona à sua frente, os objetos materiais: basta resistirem firme no próprio lugar enquanto puderem e a missão está cumprida. A planta no canto da sala assimila nutrientes da terra e do sol, gerando alimento... E está tudo perfeito. O cachorrinho que dorme perto dos seus pés: instintos atendidos, um pouco de afago dado e recebido e a vida segue. Mas você... precisa de mais do que isso. Precisa compreender. Não exatamente os mistérios da radiação do universo, ou da propagação da luz (embora eles não estejam excluídos), pois, em relação a esses complexos mistérios, há quem trabalhe para entendê-los, mas eles não respondem às perguntas imediatas.

Mas há algo um pouco diferente, cujo entendimento corresponde a todos os homens, e não apenas a uma classe, e do qual você necessita agora: as razões da vida, da morte e daquele que contracena com ambas, você. Quem é você de verdade? O que veio realizar no mundo? O que realizou até agora?

Por que, afinal de contas, permitir que o tempo simplesmente passe, sem deixar nada senão velhice, sem dar explicações sobre o sentido disso tudo? Por que cargas d'água o que ocorre com o vizinho, um ser humano tão parecido em tudo com você, nada tem a ver com a sua vida? A glória ou a dor do outro... Nada que se possa fazer a respeito, nada a compartilhar?

Sim, dá para se esquecer de tudo isso e ir dormir, amanhã é outro dia. Cumprir hoje a inércia da poltrona e amanhã a busca do pão, como a planta e, por fim, buscar um afago, como o cão... *that's it*! Vamos em frente. Em frente? Na verdade, agindo dessa forma não vamos a lugar nenhum, nunca. Ouse, pelo menos, imaginar algo diferente! Pense em como seria ir realmente "em frente": romper as "paredes" que separam você dos demais, ir pela vida, comprometendo-se com o próprio crescimento para, então, encontrar respostas para as dores próprias e alheias, buscando o caminho da realização humana (desbravando-o, se ele tiver se fechado por abandono), procurando notícias absolutamente novas dentro de si: quais são seus sonhos mais humanos, aqueles que fazem você sentir que a vida pode ser algo mais que simplesmente sobreviver com o maior conforto possível? Se isso fosse verdade, por que o "desconforto" interno é o seu melhor conselheiro, hoje? Dialogue com os fatos diários e arrisque interpretá-los, entenda suas mensagens. Aprenda com aqueles que já se fizeram perguntas sobre a vida e tente aplicar as respostas que acharam. Expandir, experimentar o sabor da honra e da bondade, sem segundas intenções, da liberdade que se sente ao vencer o egoísmo. Respirar, enfim... Como ser humano: inalar luz, exalar luz!

Sinta o cansaço também, no final do dia, e busque o "sono dos justos" em seu travesseiro. E, é claro, agradeça a Deus, e também peça, por que não? Já que estou dando palpites, se tiver que pedir algo a Deus, quer uma ótima sugestão? Peça um segundo de luz para todos. A consciência nasce do contraste: se todos tiverem esse segundo de luz, esse "flash", descobrirão que vivem na escuridão e... Quem sabe? Imagine sete bilhões de seres humanos com luz. A Terra seria, por um precioso segundo, mais brilhante que qualquer estrela!

Filósofos sempre são seres muito imaginativos. Gosto de imaginar que, talvez, meu momento de luz (e quem sabe o seu, também?), aquele que quebrou minha inércia e me fez dar alguns passos em direção ao humano, pode ter sido resultado do pedido de alguém a Deus.

> Quem é você de verdade?
> O que veio realizar no mundo?
> O que realizou até agora?

PEQUI

O pequizeiro (*Caryocar brasiliense*) é uma árvore típica do cerrado brasileiro, de fruto amarelo e caroço espinhoso. A polpa da fruta é bem utilizada na culinária regional. O pequi é também conhecido como piquiá, piquiá-bravo, amêndoa-de-espinho e outros nomes. Elemento curioso e cartão-postal do cerrado são seus troncos e ramos, geralmente tortuosos (dizem que para se proteger da incidência vertical do sol).

Dado o hábito nada usual da espécie de se entortar para todos os lados, quem conhece a árvore já deve ter visto dois pés como esses, que cismam de entortar um na direção do outro até se tocarem e se cruzarem, como um "cruzeiro de pequizeiros". No meu caso, especialmente no meu portão, os pequis formaram um "X" vivo.

Tal era a vontade dos dois de se tocarem que afinaram a casca, normalmente espessa e áspera, para se aproximarem mais. Quem quiser vir à minha casa, vai encontrá-la com facilidade: é bem aquela do portão ao lado dos pequizeiros que se abraçam... formando um cruzeiro.

Para quem não sabe, "cruzeiro" era um marco construído para começar povoação nova: vilarejo, depois cidade. Rezava-se a missa, construía-se a igreja matriz e, desde ali, espalhavam-se as casas. Era o início, o coração das vilas que iam tomando corpo dali para frente, irradiando para todos os lados. Pois veja que meus pés de pequi acharam de marcar a porta da minha casa. Poliram suas asperezas para se abraçarem. Estão tão estreitos e grudados que eu não estranharia saber que um sente o fluir da seiva no peito do outro. Ali, paradinhos, oscilando com o vento, entrelaçados.

Como filósofos têm a mania de associar coisas, à primeira vista, díspares (faz parte do ofício!), lembrei-me por "acaso" que, um dia desses, presenciei um ser humano dizer: "Sou tão solitário, só tenho, de verdade, duas pessoas com quem contar nessa vida". Cá entre nós, senti que ali havia um ser humano de sorte. Duas pessoas? De verdade? Duas pessoas que poliram suas asperezas e se comprometeram com você, duas pessoas que se preocupam se sua vida flui regularmente, se a sua alma pulsa, se o vento sacode seus ramos, duas pessoas para sentir e vibrar junto? Isso é muita coisa! Poucos têm tanto. A maioria das pessoas são pequizeiros isolados, cuidando da própria casca e vigiando a própria seiva, preparando suas flores, reunindo energias para explodir em pequis quando a estação assim ordenar. Atentos ao "seu dever com a natureza": viver, crescer e multiplicar. Compartilhar para quê?

Compartilhar é coisa mais que nova entre nós, e novidade digna de ser marcada por reza e cruzeiro. Bem marcada. Homem (*Homo sapiens*) é espécie que se espalha não só pelo cerrado, mas por toda a terra. Foi feita pela natureza para florescer e frutificar, na época certa, dando frutos doces, mas espinhosos de se gerar: justiça, bondade, fraternidade. Mas o homem pode escolher quando será a própria estação. A natureza só assiste e espera, um tanto ansiosa, pois os frutos humanos, que nunca nascem, geram, em todos os cantos da terra, uma estranha e insaciável fome.

Polir as asperezas, alcançar a própria seiva e pulsar em dueto... Não é só jeito diferente de crescer: para o ser humano, é fruto previsto e esperado. E essa colheita, cuja demora, dolorosa, seca as esperanças e esteriliza as vidas, quando vier, terá de ser bem celebrada.

Mas vejam que os pequis marcaram a minha porta e, talvez, para alguém, seja algo importante e alvissareiro. Talvez indique que, em algum momento, a natureza cobra a hora da Vida de assumir um Centro e irradiar. Essa "cobrança", esse momento, também é e foi sempre um sinal sagrado, uma espécie de anunciação. Sinal de que já não se pode esperar, que já tarda. Há de se gestar laços humanos e profundos antes do inevitável dia em que a seiva vai "evaporar", as raízes e os ramos secarão e o sopro do vento virá; há de se buscar novos pequizeiros que hão de estender seus ramos em busca de alcançar e preencher todos os sonhos da natureza.

> O homem pode escolher quando vai ser sua própria estação. A natureza só assiste e espera, um tanto ansiosa, pois os frutos humanos, que nunca nascem, geram, em todos os cantos da terra, uma estranha e insaciável fome.

AMOR E MITO

Esses dias, encontrei por acaso o conhecido quadro *Independência ou Morte*, do pintor Pedro Américo, e, com essa mania que os filósofos têm de refletir sobre tudo, comecei a pensar sobre a cena. Todos sabem que havia um jogo de interesses por trás daquilo, que a cena já havia sido "encomendada" por Dom João VI antes de partir e que aquele príncipe não era lá o que se poderia chamar de um primor de moral. Mas, diante dessa bela obra, todas essas coisas se desvalorizam e nasce o mito: um príncipe, um dia, sacou sua espada e declarou, em alto e bom som, que os filhos desta terra (nós!) somos amantes da independência, ou seja, da autonomia, da capacidade de nos impor sobre as circunstâncias adversas, e que só tememos a morte indigna. Se ele não era digno de dizê-lo, problema dele. Nós somos dignos de vivê-lo e o tornamos real através de nossas lutas diárias, às margens de tantos "Ipirangas", e aquela espada corajosa e desafiadora é símbolo da nossa disposição ante as dificuldades... Precisamos desse símbolo.

Por muitas vezes Platão fala de como o mito é imprescindível. Tantos povos souberam dessa necessidade e a viveram, mas nós permanecemos indiferentes a essa realidade, feito crianças que se acham muito maduras porque já não creem no Papai Noel, mas agora creem nos shoppings e no dinheiro dos pais. Que tipo de realidade estamos criando? Sim, porque, como sempre, a realidade é criada pela imaginação dos homens, seja ela mítica ou não, e é ela que concretiza os fatos.

Quando Jane Austen (já que este é um momento de confissões, quero deixar registrado que amo Jane Austen!) mostra o famoso sr.

Darcy "impactado" por ter tocado a mão de Elizabeth Bennet ao ajudá-la a subir na carruagem e sentido o resquício do perfume da mão dela na própria mão, a intenção não era mostrar um idiota que faz culto a uma jovem nem tão nobre assim, cuja mão, dali a pouco, poderia estar cheirando à cebola. Trata-se do mito da princesa, daquela cuja passagem perfuma o ar pela beleza e nobreza das próprias ações e sentimentos. Esse mito não pode ser real? Por que alguém não pode vivenciá-lo? Pode... e deve! E como embeleza a vida!

Também num dia desses, li um texto que dizia que, assim como o corpo físico é parente da terra, a energia de nosso corpo é parente da água, e os sentimentos são da família do ar. Isso significa que, estimulados de acordo com a própria natureza, os sentimentos tendem a se elevar, a buscar as camadas mais rarefeitas da atmosfera. Não é certo tingi-los de terra; isso os profana e os descaracteriza.

O homem é sempre uma mistura "de um e do outro", como diria Platão. É uma escolha nossa o que vamos ou não ignorar, mas, por pudor e amor a nós mesmos e ao outro, devemos selecionar, internamente, o que vamos expor (e escolher também o que vamos realçar, em nós e no outro) para ajudar a construir o mito, por exemplo, de um relacionamento. Se expusermos que queremos exalar doces perfumes, ou um hálito de dignidade e nobreza, ou um rastro de sobriedade e coerência, seremos príncipes e princesas, porque o sangue que corre em nossas veias será, por definição, azul como o céu dos sentimentos que ele busca. E será porque o queremos, e nada mais sólido e real do que a vontade humana, capaz de moldar a matéria do mundo para operar e executar aquilo que desejamos, como tantas vezes nos demonstra a história.

E assim os cavalheiros (já não mais simples homens!) vencerão a inércia, abrirão caminhos, e sua bravura não será predadora, pois a trilha aberta por eles será cultivada por suas damas (e não apenas mulheres!), com beleza e com vida. E matarão dragões, sobretudo o do egoísmo, pois o amor das damas não lhes permitirá que seu impulso atente contra nada que é nobre e bom. E eles protegerão essas damas... sobretudo de si próprias, para que a imensa capacidade de amar inerente a elas não seja toda canalizada para coisas pequenas, limitadas ou fúteis, "sufocando" aqueles que as cercam de carência e sentimentos de posse e deixando estéreis os caminhos do mundo.

Que sociedade construiríamos assim? Quem não gostaria de viver nela? Cervantes, em *Dom Quixote*, fala de um homem que acreditava nesse modo de viver. E, para os que pensavam que seu livro seria uma simples sátira de costumes, ele deixa uma simbólica frase, na porta de sua obra: "Após as trevas, espero a luz". Eu sempre quis dizer a ele: "Estamos tentando, querido Cervantes, estamos tentando ser luz e distribuí-la por onde passamos, como quixotes, em pleno século XXI".

Amanhece e saio para o trabalho. Não sou uma simples mulher nem meu companheiro um simples homem: somos uma dama e um cavalheiro que saem rumo à gesta. À noite, nos reuniremos em torno de nossa pequena "Távola Redonda", compartilharemos nossos feitos e saborearemos mais que meros alimentos físicos: a glória, ou essa pequena parte dela a que fizemos jus. E imaginaremos formas de resgatar essa grande princesa, a humanidade, da fortaleza obscura em que não é permitido sonhar, onde o algoz é o dragão do materialismo. E assim será... porque é o que queremos, e nada, não há nada mais real neste mundo do que a imaginação e a vontade humanas, ferramentas com que se constroem realidades em todos os planos e em todos os tempos.

> Como sempre, a realidade é criada pela imaginação dos homens, seja ela mítica ou não, e é ela que concretiza os fatos.

A CHEGADA, A SAÍDA E A SOLIDÃO

À parte de crenças e ideologias, há algo que é unanimemente reconhecido e patenteado pelos ditos populares: chegamos a este mundo sozinhos e da mesma forma também partiremos dele. Se há um lugar de onde viemos e para onde vamos, o que, reitero, não vou discutir aqui, não podemos saber ao certo se esta solitária situação se perpetua, mas é uma possibilidade.

O fato é que aqui chegamos, neste mundo de coisas transitórias e de discutível realidade, e há algo inegavelmente real: o outro. Por trás de uma vestimenta corpórea mutável, os seres à nossa volta existem de fato e têm, dentro de si, o mesmo mundo de possibilidades que há em nós. Sonhos, expectativas, vislumbres de ideias ousadas e de sentimentos grandiosos. São universos, como nós, são reais. Apesar disso, quando chegamos a este mundo, encapsulados e isolados, não realizamos plenamente a nossa ânsia de ir ao outro, de senti-lo, de considerá-lo. É como se construíssemos uma nova cápsula e nos trancássemos nela, por comodismo, vício, medo... sabe-se lá por quantas outras razões. Ainda. Quando o outro passa a pertencer ao nosso mundo, será mesmo o outro, ou uma projeção que criamos da nossa necessidade de atenção, de vitimização, da culpa pelas próprias debilidades, e por meio desse alguém criamos observadores de nossas conquistas? Será mesmo o outro ou apenas o nosso espelho?

Acho saudável a curiosidade de querer limpar-se de qualquer carência ou expectativa, presunção ou ansiedade, e querer de fato mergulhar, de olhos e alma limpos, nesse mistério que é o outro. Talvez este seja o único, o glorioso momento de nossas existências em que não estamos sozinhos! O outro, por trás de nossas alienações e projeções, é um ser real, um universo, um mistério a ser desvendado.

Esses dias, li um texto de um pesquisador sobre a nova hipótese científica de universos existentes em paralelo, ou multiversos, e a imaginação do pesquisador sonhava com o momento em que tais universos poderiam se perceber mutuamente e, quem sabe, estabelecer algum tipo de comunicação. Que ousado sonho! Quanto tempo e trabalho será necessário para que algo assim seja plausível!

Como os filósofos têm esse hábito de encontrar relações simbólicas entre tudo que é possível relacionar, não pude deixar de pensar no tempo e no trabalho que a natureza deve ter empregado para que nós, universos conscientes uns dos outros, pudéssemos nos comunicar... E agora?

Imagino que talvez devêssemos, esporadicamente, brincar de imaginar que não há mundo ou mundos melhores do que este, com seres reais à nossa volta; imaginar que talvez a fraternidade não seja um oneroso dever, mas uma grandiosa oportunidade, talvez única, talvez escassa. Sartre imortalizou a famosa frase: "O inferno são os outros"... Existe alguma lei que nos proíba de questionar esse pretenso axioma e ousar pensar que a oportunidade, a realidade, a realização são os outros?

Que tal desgrudarmos um pouco da obsessão do eu sou, eu fiz, eu quero, tomarmos distância para ver a nós mesmos com sobriedade e lucidez, e estabelecermos contato? Procurarmos o outro com honesto desejo de atar laços, os mais sólidos e profundos possíveis, talvez guardando o oculto desafio de querer ver qual cápsula de solidão, deste ou de qualquer mundo, será capaz de romper esse laço? Talvez, ao mergulharmos fundo em nós, percebamos que a felicidade, a realização e a plenitude tenham a ver com União, com o encontro de parte de nós que está no outro, e talvez a vida possa se resumir a uma oportunidade.

> Neste mundo de coisas transitórias e de discutível realidade, há algo inegavelmente real: o outro.

A VIDA REAL E A FICÇÃO

Numa dessas noites em que a insônia nos ataca pelo meio da madrugada e nossa cabeça fica povoada de imagens velozes, às vezes sem sentido, outras nem tanto, me ocorreu uma interessante cena de ficção. Assim foi e assim gostaria de transmiti-la, como uma obra ficcional, fruto da imaginação, sem pretensões a verdades ou revelações, mas uma mera sequência de imagens que rende reflexões interessantes.

Imaginei a mim mesma passeando por um daqueles enormes suportes de roupa, tipo "araras", que existem em camarins de artistas. Só que esse era imensamente grande (tanto que eu não conseguira enxergar onde era o fim), e com todos os cabides ocupados. Ao passar por um espelho, neste grande camarim, constatei, surpresa, que eu não conseguia identificar nitidamente os traços do meu rosto.

Só aí percebi que todas aquelas "roupas" penduradas nos cabides eram os inúmeros corpos (e rostos!) que utilizei ao longo de infinitas experiências, em quase infinitas vidas. Percebi que o "eu", ali, era minha Alma, pura, limpa, sem nomes ou formas passageiras.

Passei novamente ao lado da arara de "roupas", agora contemplando de perto aqueles rostos: alguns sofridos, outros serenos, mas todos eram meus velhos conhecidos; todos eles, rostos com que, por milhares de vezes, mirei o espelho da vida e declarei: este sou eu.

Mil perguntas me vieram da contemplação destas "vestimentas": quais foram os sonhos de cada uma delas? Será que alguma sonhou comigo? Ou apenas quis chamar para si todos os méritos e atenções, ansiosas por uma eternidade que jamais teriam? Quanto do sofrimento que marca seu rosto não veio desta busca insensata e fadada ao fracasso? Quantos sofrimentos foram válidos, e quantos em vão? Quantas deram a oportunidade, ainda que por um fugaz relance, de me perceberem ou de lembrarem de mim?

Elas me amaram? Amaram alguém? A si próprias? Eu não saberia dizer. Iludidas pelo espelho, fundamentadas numa identidade tão tênue e superficial. Como poderiam desenvolver sentimentos profundos?

E eu... as amei? Olhando-as assim, em perspectiva, todas me despertam grande compaixão, por suas expectativas frustradas, buscas desesperadas e nem sempre bem-sucedidas por respostas, apegos e perdas constantes, caminhada inexorável em direção a uma porta assustadora, onde se deixa "tudo" e não se vislumbra o que restará do outro lado.

Mas algumas, sim, me evocam amor. Aquelas que me buscaram e encontraram (eu as esperava ansiosamente!), e que aprenderam a dialogar comigo e a me servir no palco que lhes coube viver. Juntas, compusemos e executamos belos espetáculos, neste mesmo palco, e elas, humildes, não quiseram tomar os frutos deste esforço para a glória de seus fugazes nomes. Não foram sempre geniais essas minhas "filhas diletas", algumas foram mesmo muito simples, na maioria das vezes, apenas devotadas servidoras, que me permitiram imprimir meus passos no mundo, se realizaram e foram plenas assim, ao cumprirem bem cada uma o próprio papel. Estas, eu guardo comigo; tiveram sua dose de realização e felicidade e encontraram a merecida imortalidade em meu coração. Por outro lado, as que mais pensaram e serviram a si próprias, na ânsia pela permanência, foram as mais rapidamente esquecidas, emudecidas e tristes, pairando cada uma em seu cabide.

Por um instante, porém, me atinge como um raio a surpreendente ideia de que talvez também eu, Alma, seja igualmente apenas uma "roupa", uma em meio a infinitas outras penduradas em cabides, ocasionalmente examinada por um atento Protagonista, Uno e

Absoluto, que observaria, cuidadoso e pensativo, todas as suas máscaras no mundo da manifestação, fazendo conjecturas da mesma natureza que as minhas, em relação às minhas vestimentas. Desses muitos raios-Alma que partiram de um mesmo centro luminoso, quais foram fiéis portadoras da Luz desse protagonista, com a menor obstrução e desvio? Quais o representaram dignamente, foram seus dígitos, nos quatro, ou oito, ou infinitos cantos do Universo? Quais cumpriram à risca a natureza de luz, trazendo visão, discernimento, calor e sobretudo Vida na mais pura e elevada expressão?

Fico imaginando se a mais humilde das minhas vestimentas, pendurada agora em um esquecido cabide, na periferia e penumbra da criação, tão distante deste Sol central... Se ela tivesse se percebido como um raio, se percebesse a quem servia, se tivesse algum vislumbre deste Centro, como teria vivido? Se ela visualizasse a seguinte imagem: um único Sol e inúmeros raios, qual seria o espaço para a separatividade? Para o egoísmo? E a crueldade e a violência? Luz contra luz? Qual a necessidade de leis e penalidades para proteger a luz da luz? Qual é a dúvida sobre como encontrar a realização... E a eternidade?

Despertei desse meu "devaneio da madrugada" com o sol banhando o rosto. Uma curiosa "coincidência", um ponto de encontro entre o sonho e a realidade. Mas sigo sentindo que sempre levarei comigo a dúvida, que se inclina intuitivamente para uma resposta: qual dos dois mundos é o sonho? Qual é a realidade?

> Rostos sofridos, alguns serenos, mas todos eram meus velhos conhecidos; todos eles, rostos com que, por milhares de vezes, mirei o espelho da vida e declarei: este sou eu.

A UNIDADE: APENAS UM ALGARISMO?

Há um livro particularmente belo da filósofa russa Helena Blavatsky, *A voz do silêncio*, que traduz alguns dos princípios fundamentais do budismo tibetano. Trata-se aí, dentre muitos outros assuntos, da chamada "heresia da separatividade", que, segundo essa tradição, é a fonte de todos os problemas dos seres humanos: sentirem-se separados uns dos outros e não parte de uma Unidade.

Nestes dias, pensando sobre a forma mais efetiva para ajudar as pessoas à nossa volta a vencerem um pouco as aparentemente insolúveis dificuldades e dores, lembrava-me desse tão abstrato ensinamento e, nesse momento, ele me pareceu incrivelmente concreto e prático. Haverá algo mais efetivo a ser feito por aqueles que amamos do que ajudá-los a vencer a separatividade?

Observo que, em grupos familiares, quando alguém sofre um problema mais grave, de saúde, por exemplo, os pequenos problemas individuais se dissolvem no ar, e todos se unem num laço de amor e solidariedade. Isso me fez refletir: e se a humanidade fosse nossa família?

Em cada canto do mundo, haveria sempre uma chamada para o nosso coração. Onde arrumar tempo para tantas suscetibilidades, para "o hábito de sofrer, que tanto me diverte" de que falava o poeta Drummond? Se somos um corpo, a consciência corre a atender aquele ponto que mais dói e sofre, enquanto os pequenos desconfortos das demais partes são esquecidos e até superados, e é lógico que assim seja...

Creio que ver e sentir o outro, à nossa frente, na vida, é um passo indispensável para ver e sentir o outro, à nossa frente, no espelho. Muita preocupação com a pele talvez faça o coração ser esquecido, ou seja, pensar demais em nós, como superfície, faz com que nos esqueçamos até mesmo de nós como essência. Um ciclo vicioso de superficialidade, vaidade, suscetibilidade, de vazio, enfim. Um vazio a ser preenchido com angústia e solidão.

Penso que quem ama o ser humano deveria se comprometer seriamente a ajudá-lo a livrar-se da tirania do "eu" e do "meu", da asfixia do "me amam ou não me amam", da obsessão do "o mérito é meu, e não seu". Quer presentear a quem ama? Dê-lhe um pacote turístico para viajar pelo coração das pessoas, senti-lo e se comprometer com ele! Os homens que o fizeram, na história, tiveram muito mais do que felicidade. Tiveram Glória. Ou seja, todos que fizeram essa viagem, recomendam, mas vá você na frente, traga "fotos" e as mostre, o tempo todo, em tudo o que faz. Compartilhe o "roteiro" nas redes sociais... Aventure-se por um dos maiores mistérios da natureza humana. Se ainda não tiver vocação turística para locais exóticos ou espírito desbravador, faça-o pelo menos (ou "pelo mais") por Amor.

> "Você deve perder o seu coração e buscá-lo em todos os lugares. Quando encontrá-lo, você o descobrirá como o coração de todas as coisas."
>
> (N. Sri Ram)

E se a humanidade fosse nossa família?

VALORES SERVEM PARA O CURRÍCULO?

A pergunta parece absurda, e a resposta, óbvia: claro que não. O que serve para o currículo é a capacitação técnica, devidamente comprovada, de exercer algum ofício, que permite gerar resultados tecnicamente satisfatórios. Quanto mais experiência nesse exercício, ainda melhor. Jovens e adultos saem em busca de títulos que preencham o currículo segundo aquilo que se espera, o que é natural.

Um dia desses, andado pela rua à procura de um profissional específico, fui tomada por um pensamento curioso: quantos profissionais, na minha vida inteira, me marcaram a ponto de criar vínculos, me fidelizar como cliente, suprir realmente minhas necessidades? Fiquei surpresa ao perceber que, ao longo dos meus cinquenta anos de vida, encontrei poucos profissionais assim, cabiam nos dedos de uma mão, ou seja, encontrei mais ou menos um por década. Lembrei-me rapidamente do médico da família, aquele senhor tão humano e cativante que não sossegava enquanto não via a nossa melhora, e parece que compartilhava e até antecipava nossas dores e preocupações... Quantas especializações ele tinha no currículo? Talvez nenhuma.

E aquela jovem que me atendia na lojinha de roupas, que se dava ao trabalho de ligar lá para casa quando chegava alguma coisa que era "a minha cara", escondendo a mercadoria dos outros clientes? Quantos anos comprei roupas apenas naquela lojinha, de duas portas, numa quadra pouco movimentada?

E o garçom que sorria à nossa chegada, sabia o que as crianças gostavam de comer, perguntava pelo primeiro dentinho caído... Quantos anos comendo no mesmo restaurante! E não havia nenhum *chef* renomado trabalhando naquela cozinha...

Não sei... talvez seja só uma fantasia, mas me parece que o patrão que contrata o técnico experiente e de caráter duvidoso, em vez de admitir a pessoa íntegra e entregue ao que faz, não é um ser muito dotado de perspicácia.

Treinamento técnico se adquire (ainda mais quando se considera que as pessoas de valores costumam se sentir motivadas ante o novo), mas onde aprender caráter e humanidade? De que vale o "currículo de peso" que se entrega à ociosidade ou a práticas desonestas assim que o patrão dá as costas? Não seria esse um preço muito alto por papel descartável, do ponto de vista prático?

Ainda acho que aquele médico, aquela vendedora, aquele garçom, aquele marceneiro e outros do tipo sempre se destacarão e encontrarão seu lugar à luz, ainda mais num mundo em que pessoas assim são cada vez mais raras. Apesar disso, a formação de jovens e adultos que se dirigem ao mercado de trabalho menospreza qualquer coisa que se refira a valores. Que pena! Para eles e para todos nós. Toda a humanidade perde com isso.

> Me parece que o patrão que contrata o técnico experiente e de caráter duvidoso, em vez de admitir a pessoa íntegra e entregue ao que faz, não é um ser muito dotado de perspicácia.

NATAL

Esses dias, tive a oportunidade de assistir a um belo filme, relativamente antigo (2006), que narra um fato histórico: no Natal de 1914, quase cem anos atrás, no *front* de batalha da Primeira Guerra Mundial, três trincheiras de combatentes estavam bem próximas: os alemães, os franceses e seus aliados irlandeses. De repente, na noite do dia 24, um padre que servia na frente irlandesa começa a tocar canções natalinas com sua gaita de foles. Do *front* alemão, um tenor famoso que servia como soldado responde cantando. Em minutos, ambos sobem nas trincheiras e prosseguem com seu estranho dueto.

Subitamente, os três comandantes vão para o centro do campo de batalha e pactuam um cessar-fogo por aquela noite... Mal haviam concluído o acordo, de repente esses comandantes veem seus homens saindo das trincheiras, trocando garrafas de vinho e pequenos petiscos, desejando "Feliz Natal" uns aos outros, mostrando fotos das próprias famílias que haviam ficado para trás... Tudo termina numa bela missa conjunta... e numa punição geral, ordenada por seus respectivos superiores, no dia seguinte.

Mais que uma mensagem da afamada e pouco vivida fraternidade, tão propalada nessa época do ano e lembrada, no máximo, até o réveillon, o filme, que, a propósito, se chama *Feliz Natal*, me trouxe algumas reflexões sobre a existência: o drama humano de querer separar aquilo que naturalmente tende a estar unido. De colocar "trincheiras" dentro do coração e só amar o que está dentro delas, de se condenar a uma guerra eterna contra tudo e contra todos que não atendam aos nossos interesses, pois, no fundo, todas nossas pequenas e grandes guerras da modernidade são defesas do egoísmo, de atentar contra a própria felicidade, pois, saiba ou não disso, a felicidade do ser humano só pode ser encontrada... entre seres humanos. Pensei em como esse conjunto de símbolos, luzes e decorações, que invadem nossas cidades nessa época, trazem à tona uma excitação quase infantil, uma lembrança tão pura e cálida que adorna a nossa vida, um encontro marcado por um sonho. Com o que sonhamos? O que alimenta nossas esperanças no homem, em nós mesmos, em cada Natal?

Experimente olhar para sua árvore natalina, montada na sala em dezembro, e imaginar que ela representa a vida: uma espiral ascendente rumo a uma Estrela, e que os adornos luminosos reunidos em torno dela, mais próximos uns dos outros à medida que sobem, são os homens, somos nós. Essa estrela luminosa ressurge anualmente e renova seu convite de ascensão e de união... Quando o aceitaremos?

Talvez apenas neste dia, e não antes, possamos viver de fato um Feliz Natal. Aqueles soldados, no meio da neve, da desolação e da morte, em 1914, foram capazes de perceber esse convite e aceitá-lo... Isso simboliza uma esperança.

No próximo Natal, como filósofa, desejo que as suas estrelas falem, seus pinheiros inspirem, suas esperanças brilhem e seus sonhos humanos mais belos caminhem para a realização. Afinal, como seres humanos que somos, nossos sonhos humanos... São um único sonho.

> Com o que sonhamos? O que alimenta nossas esperanças no homem, em nós mesmos?

7 DE SETEMBRO

Sem recorrer a numerologias exóticas, chama a atenção o fato de essa data festiva e nacional fazer referência ao mesmo algarismo, o sete, de dois modos. Para quem não sabe, o nome do mês de setembro vem do latim *septem*, sete, pois esse era o sétimo mês do primeiro calendário romano, antes da reforma do imperador Numa Pompílio, no século VII a.C.

Também não precisamos recorrer a complexas numerologias para lembrar o quanto esse número teve impacto na história, nas mais diversas civilizações. Sinteticamente, trata-se do símbolo da harmonia entre céu (3) e terra (4), o centro dos dois triângulos entrelaçados (Estrela de Salomão), o sábio abraço entre céu e terra, que se sintetiza em um ponto central, comum a ambos.

Isso dito, basta convencê-los de que as palavras que designam os fatos, seus nomes, talvez não sejam tão casuais, mas podem coincidir com seus significados mais internos e desconhecidos, tese já defendida pelo filósofo Platão, em seu diálogo *Crátilo*. Enfim, proponho considerar que o temperamento brasileiro, marcado por essa histórica data, pode se inclinar para a espiritualidade, uma busca por conhecer esse "ponto interno", uma busca por harmonia, coisa não difícil de crer, dado nosso pendor à alegria, a desdramatizar a vida, a suportar com bom ânimo a adversidade.

Vivemos um momento em que qualquer conceito sempre se vê interpretado numa chave materialista e imediatista. Falar de pátria e de patriotismo, por exemplo, sempre deriva para discussões termináveis (que não vou questionar se são legítimas ou não) sobre problemas políticos e sociais da atualidade. É como se um jovem não conseguisse dizer "Eu te amo" à companheira sem que ela começasse a desenrolar um fio interminável de considerações sobre a viabilidade econômica e profissional de um casamento, dadas as atuais condições de temperatura e pressão... Que me perdoem os muito objetivos, mas um pouco de poesia é fundamental (e que o poeta também me perdoe a paródia!).

De vez em quando, é bom falar de patriotismo lembrando um pouco desse espírito que nos dá saudade quando ficamos fora por muito tempo... Lembrar-se do Brasil, em qualquer lugar do mundo (colocando à parte as inevitáveis associações com personalidades muito ou pouco louváveis), é falar de um lugar inundado de sol e de uma natural alegria de viver. Em bom "filosofês": uma propensão à harmonia e à espiritualidade. A esse espírito eu brindo e é a ele que eu dedico meus melhores sentimentos (entre eles, uma pontinha de orgulho, por que não?), nesse dia de "duplo sete", em que comemoramos nossa brasilidade.

> Um pouco de poesia é fundamental.

O QUE É A FILOSOFIA?

Ontem, atravessando a rua, um pouco desatenta, tropecei no meio-fio e caí. Antes que pudesse me dar conta, já havia, à minha volta, um jovem, trazendo meu sapato, arremessado longe, e uma senhora estendia a mão, com um olhar cheio de carinho: "Coitadinha! Machucou, filha?". De pé e com os sapatos, após agradecer e caminhar como podia, pensei no que aconteceria se me dispusesse a falar de filosofia para aquela senhora e aquele jovem: provavelmente sorririam, com gentileza, mas iriam embora, pois não teriam o menor interesse no assunto. Mas como pode não lhes interessar, uma vez que a filosofia, como arte de viver de forma humana, consiste exatamente em se comprometer com cada ser humano que cai, sentir compaixão, tomar o problema do outro como um problema nosso e desenvolver uma prática que nos permita ajudá-los a se colocarem de pé, estando nós, primeiramente, de pé e bem equilibrados?

Voltei para casa com uma bela raladura nos joelhos e uma boa reflexão na mente: talvez não estejamos sabendo explicar a filosofia direito, pois para todos os lados podemos encontrar potenciais filósofos. Como explicar para as pessoas que aquele pensamento que lhes permitiu banir uma tristeza, aquela energia que lhes permitiu superar um desafio, aquele sentimento que lhes permitiu erguer e catar os sapatos de alguém, aqueles princípios que lhes permitiram permanecer íntegros quando outros optavam pelo caminho mais fácil, como explicar que tudo isso serve, tudo isso é *know-how* de vida, e talvez não haja uma arte ou ofício que necessite tanto de *know-how* quanto a arte de viver como seres humanos. Ainda que soe um pouco pesado, dada a simplicidade deste artigo, não posso deixar de me lembrar de Carl Jung dizendo algo como: "É mais fácil desenvolver uma máquina que nos leve à lua do que um conhecimento que nos leve ao coração humano". Fato: já fomos à lua... E o coração humano permanece um mistério. Quem pisou nesse território e quis ensinar como se faz, compilou esses ensinamentos numa disciplina chamada Filosofia.

Sei que haverá quem diga que isso nada tem a ver com Filosofia, e que não passa de uma espécie de "autoajuda". Mas como ninguém detém o "testamento de Platão", habilitando sua voz como a única real herdeira da Filosofia, eu reivindico meu direito a uma tréplica: nada mais oposto à autoajuda do que essa filosofia naturalmente humana que proponho. Autoajuda é invocar céus e terra em busca de ferramentas para resolver suas egoísticas questões e interesses pessoais. Filosofia não é jamais uma voz a mais para vender às pessoas um caminho fácil para atingir seus propósitos de êxito.

Não é autoajuda, é ajuda ao outro, ao todo, à condição humana, que jaz, descalça e estirada na calçada, enquanto o egoísmo transita, cada vez mais indiferente. Filosofia é conhecimento da natureza humana, em sua expressão mais profunda, legítima e bela, e uma rota de caminhos para trazê-la à tona. Filosofia é resgate consciente, é pedagogia para captar e transmitir a arte de viver que anda, sim, em alguns belos livros de grandes homens do passado, mas também anda pelas ruas do presente, inconsciente de seu valor e de sua beleza.

Parodiando o poeta Gibran, eu diria que a Filosofia é a Vida, quando ela mostra seus tons mais belos, grandiosos e humanos. Mas você tem em si a Vida... E você tem em si o humano!

> Filosofia é resgate consciente, é pedagogia para captar e transmitir a arte de viver.

A CONSCIÊNCIA NASCE DO CONTRASTE

Algumas experiências, aparentemente simples e banais, nos marcam profundamente. Um dia desses, por exemplo, o cachorrinho da minha casa, aquele mesmo que é quase sempre inconveniente e transportador de pulgas, inventou de adoecer, e inventou sério: quase morreu. Isso gerou uma comoção total na casa, ninguém tinha reparado que seria tão difícil viver sem aquela criaturinha que alegrava nossa chegada, com sua euforia, e perturbava nossas refeições na esperança de participar delas.

A partir daí, comecei a viver um ciclo de observações bem interessante: parei para prestar atenção em pequenas coisas belas que nunca reparo, mas que estão lá, adornando a minha vida, e me dei conta do quanto isso é indispensável. Já houve filósofos (estes que reparam em tudo) que disseram que a consciência nasce do contraste, ou seja, que notamos o valor das coisas quando as perdemos, ou quando corremos o risco de perdê-las.

Há um sabiá que sempre canta pelas redondezas da minha janela. Chega a dobrar o trinado, exibicionista, num fôlego de fazer inveja... Como nunca havia percebido a diferença que esse passarinho faz nas minhas manhãs?

Em dezembro, tem aquela senhora que traz todas as guirlandas natalinas da casa dela, pendura em todas as portas e fica por ali, na esperança de alguém que passe e elogie. Vai que esse alguém também veja a foto da netinha, em cima da mesa, e comente algo! Dá-lhe histórias sobre as últimas gracinhas da menina. Sempre a mesma rotina! Mas o cãozinho que quase morre me deu a preciosa lição de que o "sempre" pode acabar a qualquer momento, assim, sem mandar aviso. E deixar um vazio dolorido no coração da gente.

Passando pela panificadora a caminho de casa (nunca deixo de passar!), o balconista sorri e dispara a pergunta: "Pão branquinho ou torradinho, moça?". Olho para a gôndola de pão e vejo que só tem pão branquinho lá dentro, então respondo, com a satisfação de pedir algo que ele pode me dar: "Vê para mim seis bem branquinhos, moço!". Sorrisos. As nuvens lá fora estão pesadas, talvez a condução atrase e faça chuva de vento, e talvez ela molhe todo o abrigo de ônibus... "O futuro a Deus pertence", dizia minha vó, mas o presente, a alegria singela do presente, pertence agora ao moço da padaria, cheio de satisfação ao me estender o pacotinho de papel pardo...

Vez por outra, no banco da pracinha, perto do portão, tem casal de namorado abraçadinho e meio bobo (como sempre são os namorados!), olhando a lua, ainda que minguante. Mas eles nem veem a sombra em torno da lua naquele dia e aceitam de bom grado o fiapo de luz que ela tem para oferecer, como um presente.

Na caixa de correspondência, a propaganda comercial diz: "O Natal está chegando!". Isso me causa um impacto de estranheza: Como assim? Para onde teria ido o Natal? Com certeza, para lugar nenhum: esteve aí o tempo todo.

Isso me faz recordar a história da mãe que sabe que o filho passou a manhã inteira na rua, brincando e jogando futebol, mas que marca hora para sentir falta dele. E aí, chega na janela e grita a plenos pulmões para o menino vir para dentro, que a comida está no prato. E ele entra, com o corpo sujo de doer, mas a alma limpa e pura, transbordando alegria no olhar.

O que acontece conosco e com o Natal se parece com isso, com o seu Menino tão especial: marcamos data (25 de dezembro) para chamá-lo para dentro de casa; e lá vem Ele, luminoso, sentar à mesa ao nosso lado, sorrir, lambuzar o rosto de confeitos e mostrar suas figurinhas para trocar as repetidas conosco.

E dizemos: "Eu tenho a do sabiá, a dos namorados, a da lua e a do cachorrinho... você tem qual?". Menino sabido: sempre tem figurinha nova para trocar com a gente.

Então, combinamos assim: o Natal está chegando, vamos arrumar a casa e chamar o Menino para dentro. Esse que sempre corre pelas ruas, alegre e vivo, vendo beleza e colocando beleza em todas as coisas. Mas não se esqueça de desconfiar da palavra "sempre". Se for verdade a lição que aprendi com o meu cachorrinho, de tanto estarmos desatentos, ausentes, superficiais, confiantes no "sempre", um dia (pesadelo!), corremos o risco de abrir a janela... E o sempre virou nunca mais. Fique atento ao sempre... alimente o sempre! Já houve desses filósofos faladores do passado (e do presente!) que disseram que o sempre, bem alimentado, corre o risco de virar... Eternidade.

> Já houve filósofos (estes que reparam em tudo) que disseram que a consciência nasce do contraste, ou seja, que notamos o valor das coisas quando as perdemos, ou corremos o risco de perdê-las.

SIMBOLISMOS

Falar de simbolismos, hoje, nem sempre conta com a simpatia do ouvinte. As associações entre quaisquer acontecimentos e os supostos simbolismos a eles associados, pelo fato de as interpretações resvalarem, em algumas ocasiões, em algo que soa como ficção e fantasia, fizeram com que a abordagem simbólica caísse em descrédito para alguns.

Mas aqui cabe muito bem a colocação dos filósofos da antiga escola do estoicismo: "Nada em excesso". Negar o conteúdo simbólico de tudo devido à fantasia de alguns peca pelo mesmo exagero de quem interpreta presságios em asas de borboletas. É uma prática normal e assimilada por muitos interpretar a expressão facial do outro para perceber elementos como insegurança, desconfiança, segundas (e até terceiras) intenções, assim como interpretar mensagens insinuadas nas entrelinhas das palavras: "O que ele quis dizer com isso?", ou seja, o que há de não dito, mas igualmente expresso por trás do que foi dito?

Assim, se quebrarmos a inércia do hábito e refletirmos enquanto agimos, no próximo Natal, chamará a nossa atenção o antigo pinheirinho com a estrela de cinco pontas no alto: por que pinheiro e não outra árvore? Onde já se viu árvore coroada por estrelas? É lógico que se trata de um conjunto de símbolos: o pinheiro, em forma de cone (conífera), é a espiral da evolução humana, que se estreita, à medida em que se eleva em direção a um ideal celeste e luminoso. A estrela de cinco pontas, equivalente ao pentalfa dos pitagóricos e ao *Homem*

Vitruviano, de Leonardo da Vinci, representa a imposição do quinto elemento, a consciência humana fundamentada em valores universais sobre os quatro elementos de base: corpo físico, energia vital, emoções e mente prática.

A neve que nosso algodão simula é associada ao frio, ao recolhimento da vida exterior, ao convite a olhar para si, gestar e dar à luz ao "infante divino", ou seja, nossa consciência espiritual. Isso significa que, além da base histórica tão bela, que recebemos em nossa educação ocidental cristã, o Natal, visto simbolicamente, também está associado a esse outro especial "nascimento".

Nos natais antigos, oferecia-se aos entes queridos algo que pudesse relembrá-los da presença do Divino dentro de si: uma vela, uma lamparina, um suporte material para o fogo do Espírito, associado obviamente ao próprio homem. É da presença que vêm... os presentes de Natal. Hoje, perdida a memória disso, são comuns os presentes "ausentes", isto é, sem qualquer chamado simbólico à memória, desprovidos de qualquer convite à vida interior.

Devemos lembrar também que o Natal faz referência ao solstício de inverno no hemisfério norte. Marca a noite mais longa do ano, que acontece por volta de 21 de dezembro. Depois dela, a luz do Sol volta a crescer, a batalha contra a escuridão é vencida. Na mitologia grega, a descida ao Hades (à escuridão do submundo) simbolizava a prova mais difícil dos heróis (Ulisses, Orfeu). Era o maior desafio e ao mesmo tempo a porta para a redenção. Não é exatamente nos momentos mais difíceis da vida que descobrimos mais as nossas potências e quando surge mais força dentro de nós? Por isso, a necessidade desse jogo de luz e sombra para saber quem somos.

E o que dizer do Papai Noel? O Bom Velhinho faz referência a São Nicolau, arcebispo de Mira, na Turquia, no século IV. Nicolau era muito generoso e, por vezes, ofertou moedas de ouro a um homem pobre que precisava dar o dote de sua filha. Foram as campanhas publicitárias mais modernas que o transformaram nesse senhor com vestes brancas e vermelhas. E faz sentido as crianças acreditarem nele? Do ponto de vista simbólico, sim, pois o Papai Noel existe enquanto necessidade de expressão humana. Nenhuma imagem cai tão fortemente no gosto popular se não tem por trás algo mais profundo arraigado no inconsciente humano. O arquétipo da generosidade existe e pode ser visto como o próprio espírito de Natal. Quando o homem abre o coração para a vida e compartilha o melhor que tem, cumpre o seu papel e também se sente realizado.

Nada em excesso!

REFLEXÕES SOBRE *CARL GUSTAV JUNG – QUESTÃO DO CORAÇÃO*

Segue mais uma dica de um ótimo filme para quem deseja selecionar bem o que assistir em casa, nesses tempos em que as opções dos cinemas nem sempre parecem ou são realmente interessantes. Produzido em 1986 nos Estados Unidos, *Carl Gustav Jung – Questão do Coração* é um documentário sobre vida e obra de Carl Gustav Jung, lançado no Brasil apenas em dezembro de 2013, pela Versátil. Consta de uma entrevista com o próprio Jung, na década de 1950, e com depoimentos de vários de seus amigos e alunos.

Dentro da densa quantidade de informações oferecidas, nem sempre fáceis de compreender, destaca-se a ideia do inconsciente, descrito pelo próprio Jung como uma das razões para seu famoso rompimento com Freud, pois este último encarava o inconsciente apenas como uma espécie de "depósito" onde os resíduos da atividade consciente são descartados; para Jung, pelo contrário, trata-se de uma rica fonte de experiências, com vida autônoma, por vezes.

Ora, vejam bem, para quem não trabalha diretamente com psicologia, analítica ou não, mas com filosofia, lembramos do conceito de inconsciente como tudo aquilo que influencia nossa atividade consciente, sem que possamos ver com clareza suas origens. Nesse sentido, poderíamos identificar diferentes patamares de inconsciente: pessoal, individual, cósmico – pois até a conjunção de estrelas distantes influencia, de forma quase sempre ignorada, a nossa ação. Assim, o inconsciente total seria algo muito parecido com o conceito de Mistérios nas tradições antigas do ocidente e oriente. Esse algo divino e misterioso deixa pegadas no campo do consciente, quer desperto ou em sonho; essas suas representações ou símbolos indicam o próximo elemento que tensiona o consciente para nele aflorar e ser integrado, ou seja, o que necessitamos saber para continuar a crescer.

Parece complicado, mas não é tanto: a título de exemplo, podemos imaginar que, se alguém do círculo de relações é constantemente boicotado pela inércia, fazendo-o perder constantes oportunidades de crescimento, seria muito natural e até previsível que essa pessoa sonhe estar amarrada a algo muito pesado, arrastando algo consigo, ou outras coisas similares. Reitero que se trata apenas de um exemplo, pois a variedade com que os símbolos se apresentam é muito grande, e tentar catalogá-los torna-se sempre simplista e redutivo.

Jung percebe como nossas crenças de um homem que já chegou aonde deveria chegar, produto de uma série de concepções modernas (inclusive religiosas), geram a frustração de não termos como representar a necessidade interna de aperfeiçoamento que o inconsciente-mistério exige.

Jung encontra, na representação alquímica, um conjunto de símbolos muito interessante, que sinaliza ao homem essa perspectiva de aperfeiçoamento, de construção interna. O trabalho alquímico, com suas exóticas técnicas, representa simbolicamente o processo interno de transformação de homens de chumbo em homens de ouro, ou seja, sinaliza uma possibilidade de aperfeiçoamento humano.

Jung argumenta ainda sobre como a negação do feminino decaído, no ocidente moderno (só o feminino puro e iluminado é considerado), faz com que essa parte material obscura do homem, que todos temos, não seja vista e aceita, o que acaba gerando uma projeção no outro. Daí os grandes conflitos, inclusive da dimensão de guerras de grandes proporções, que não devem cessar enquanto o homem não ver, iluminar e integrar seus "demônios" pessoais. Se esses colapsos e conflitos internos não caminharem para uma solução, a humanidade pode estar sujeita a apocalípticas e históricas consequências.

Enfim, são 107 minutos de um entretenimento instigante e revelador, que dá novos nomes e lança um novo olhar sobre conceitos filosóficos tão antigos quanto a própria civilização humana. Trata-se de um herdeiro de conhecimentos do passado ou um precursor da adaptação desses conceitos ao mundo presente... ou ao futuro, pois ainda é bastante desconcertante para o homem atual mergulhar no riquíssimo universo de Carl Gustav Jung.

> O trabalho alquímico, com suas exóticas técnicas, representa simbolicamente o processo interno de transformação de homens de chumbo em homens de ouro, ou seja, sinaliza uma possibilidade de aperfeiçoamento humano.

RENOVAÇÃO

Para quem deseja uma boa dica de filme, aí vai uma comédia, um tanto antiga e aparentemente despretensiosa, mas que se tornou um clássico no gênero: *Feitiço do Tempo*, de 1993, dirigida por Harold Ramis e estrelada pelo ator norte-americano Bill Murray.

Trata-se da insólita história de um apresentador de TV enviado a uma cidade do interior para fazer a cobertura de um pitoresco evento: o "Dia da Marmota", que marca o final do inverno. Por alguma misteriosa razão, o protagonista se vê prisioneiro do tempo: todos os dias, amanhece o mesmo Dia da Marmota e se repetem as mesmas situações, infinitamente. Daí, se desenrola uma sequência de situações tragicômicas: primeiro, ele tenta tirar proveito do conhecimento antecipado dos fatos; depois, se entedia; e, finalmente, se desespera a ponto de desejar a morte. Implacável, o tempo não o perdoa: todos os dias, repete-se a mesma data no relógio digital da mesinha de cabeceira.

Sem antecipar o final do filme, para não estragar a surpresa dos que ainda não o assistiram, caberia aqui uma reflexão interessante. O que faz com que o nosso ano seja *novo*? Não serão os mesmos dias e noites, os mesmos trajetos e pessoas, os mesmos trabalhos e lazeres...? Como todo ciclo de eterno retorno, o que faz a vida se renovar, embora ela trilhe caminhos tão semelhantes?

Pense. Todos os homens, grandes e pequenos, expressivos ou anônimos, que viveram em todos os tempos, viram o mesmo sol nascer e se pôr, contemplaram as mesmas estrelas, sentiram o mesmo vento no rosto. Amaram, foram amados, temeram, desejaram, ganharam e perderam... sonharam. Viveram o eterno conflito de necessitar do outro... E encontrar tanta dificuldade em conviver com o outro! Quantas vezes o sol presenciou a glória e o drama humanos!

Simbolicamente, isso foi retratado como uma espiral, o que é curioso, pois, se repetimos as mesmas coisas, da mesma forma, não traçamos uma espiral, mas andamos em círculos. A espiral presume passar pelo mesmo ponto, porém, um pouco mais acima, ou seja, ganhando altitude.

Em suma, o que faz com que as coisas sejam novas é a renovação, que se obtém ganhando altura como seres humanos. Imagine que aquela estrela, lá no alto da espiral cônica de nossa árvore de Natal, é o ideal humano, que consiste em valores ativos, decisões conscientes, verdadeiros sentimentos, responsabilidade, fraternidade e tantas outras coisas que a fazem brilhar.

Quem busca essa estrela é um idealista, nome que se dá ao homem que não exige que as circunstâncias mudem, mas que procura reagir às mesmas circunstâncias de forma cada vez mais humana. Hoje ajudarei os demais, que também passam por aqui, a sofrer menos, graças às soluções que encontrei; hoje, tal coisa me fere, mas, amanhã, me faz refletir; depois de amanhã, me faz crescer... E por aí vai. Eis a espiral construída.

Não vejo outra forma de as coisas se renovarem. Senão, caímos na fantasia e no contrassenso: a marmota não pode deixar de ser marmota para virar outra coisa, essa possibilidade foge ao seu alcance. Nós, por outro lado, podemos deixar de ser "outra coisa" e ser cada vez mais humanos, pois essa possibilidade está ao nosso alcance, mas temos fugido dela, como quem foge da vida, e temos fugido de nos perguntar, com seriedade, o que a vida espera de nós. Pense quanta coisa já teria ficado para trás se os anos fossem realmente "novos"!

Enfim, cabe-nos enviar, como reflexão final, nossos votos de que, neste ano, você não brigue com as marmotas, com os relógios ou com o tempo, mas simplesmente veja aonde quer chegar como ser humano e caminhe, sem pressa e sem pausa, rumo à sua estrela. Ainda nos dias nublados, não se esqueça de sua estrela, e não perca o passo.

Assim, com a confiança de que são mais do que meras palavras repetidas nos cartões de felicitações de todos os anos, podemos desejar uns aos outros: Feliz Ano Novo!

O que faz com que o nosso ano seja *novo*?

SOBRE O BEM-ESTAR

Bem-estar...
Resolvi refletir um pouco sobre esse substantivo composto tão em voga, que costuma ser definido como um "estado de conforto e boa disposição, saúde, afetividade, segurança, tranquilidade e outros aspectos positivos". O bem-estar não raramente está associado a regimes de saúde, práticas de esporte, contato com a natureza etc.

O curioso, no substantivo em questão, é o uso da palavra "bem". Se estamos nos referindo apenas ao estado físico e ambiental favorável, por que não ser mais específico e usar sadio-estar, confortável-estar, seguro-estar?

Desculpem-me, mas, como filósofa, acho que a palavra "bem" merece ser foco e não reforço de outra coisa: substantivo e não advérbio.

Se entendermos que como seres humanos a nossa função no mundo é agregar valor humano à nossa vida e a dos demais, ou seja, semear o bem, marcando nossa passagem como válida e útil para nós mesmos e para a natureza como um todo, cada vez que praticamos esse bem cumprimos com essa missão e realizamos um pouco mais da nossa identidade, ou seja, damos nosso recado.

E não se trata de um conceito de Bem discutível e relativo, mas de algo óbvio e consensual, trata-se de "funcionar bem" como ser humano, com todas as especiais possibilidades que essa condição oferece: inteligência, vontade, criatividade, generosidade, empatia, amor e algumas ou muitas outras, enfim, todos os "aplicativos" operativos deste aparelho de boa performance que somos. Mas não façamos interpretações pseudomaquiavélicas: não se trata de fazer qualquer coisa agora para chegar a um suposto bem lá na frente. É garantir a qualidade humana dos meus atos agora, acima e antes de qualquer resultado desejado.

Há uma bastante conhecida passagem bíblica que enuncia algo como "buscai, pois, em primeiro lugar o seu reino e a sua justiça, e todas estas coisas vos serão acrescentadas" (BÍBLIA, N.T. Mateus, 6:33. In: *Bíblia Sagrada: Almeida Revista e Atualizada*. Trad. João Ferreira de Almeida. Barueri: Sociedade Bíblica do Brasil, 1993). Por comparação, vejo que o Bem, atributo humano por excelência, gera exatamente este efeito: nos dias em que somos coerentes com aquilo que a nossa dignidade e respeito próprios esperavam de nós, ou seja, nos dias em que somos humanos de fato, somos capazes de gerar um nível de "bem-estar" que poucas outras coisas (se é que existem!) seriam capazes de fazer.

E esse legítimo bem-estar é perfeitamente capaz de proporcionar saúde, afetividade, segurança, tranquilidade etc. É como imaginar uma folha de papel com limalha de ferro espalhada sobre ela; eu te desafio a, com a ajuda das mãos, de uma espátula ou de outra ferramenta qualquer, colocar essa limalha em uma forma retangular, bem definida. Não é uma tarefa propriamente fácil, pois qualquer tremor ou até a proximidade da respiração pode estragar o seu trabalho. E se, em vez disso, eu desse a você um ímã retangular para posicioná-lo debaixo da folha? Com o mínimo movimento do papel, sem a necessidade de muito esforço, a limalha correria para o local desejado! Esse ímã representa o Bem: qualquer movimento da vida basta para que tudo transcorra naturalmente, e se dirija para o local humanamente adequado!

Espero que entendam o exemplo. Sugiro buscar o Bem como meta de vida, agregar valor humano a tudo que fazemos e não perder oportunidades (e até ser capaz de criar oportunidades) para praticá-lo. Experimente! A conclusão é a seguinte: o bem-estar vem do ben-fazer, que nada mais é do que servir ao Bem!

> Buscar o BEM como meta de vida.

VOCÊ TEM FOME DE QUÊ?

Vivemos em um mundo em que o egoísmo impera, perpetrado em nossa mentalidade, através de todos os reforços oferecidos pelos produtos culturais que consumimos diariamente, tanto que, se sentimos algum desconforto, deduzimos imediatamente que algo nos falta. Temos fome. O que consumir, em que plano? E lá vamos ao menu da vida, ávidos. O curioso é que, num mundo tão *high-tech*, sabemos tão pouco sobre o funcionamento e as necessidades desse processo chamado "natureza humana".

Há algo que pode te parecer inédito e estranho, mas é indiscutivelmente verdadeiro, comprovado pelos mais belos episódios da história do homem. A natureza humana tem sede e fome de doar-se, de fraternidade, de generosidade. Essa dor e angústia estranha que nos atingem subitamente, em alguns momentos, pode não ser carência de nada, mas generosidade represada, necessidade de entrega maior aos dons da vida acumulados em nós – entrega essa à sua verdadeira dona, a própria Vida, representada pela humanidade e pela natureza como um todo. E nem sempre isso consiste em sair e distribuir coisas concretas, ainda que essas atitudes tenham lá seu mérito, mas tem a ver com algo ainda mais sutil e complexo.

Imagine um local onde existe uma infiltração no telhado, uma goteira e, consequentemente, uma poça no chão. A depender do comportamento humano diante desse fato tão simples e banal, podemos identificar três perfis humanos bem delineados. O primeiro é aquele que passa, pisoteia tudo e ignora o problema. Se chegar a percebê-lo, simplesmente murmura para si que aquilo não é problema dele, há quem seja pago para isso. É um tipo de alienação que envolve muito mais gente do que possamos imaginar, lamentavelmente.

O segundo é aquele que, bem-intencionado, ao ver aquela sujeira, imediatamente corre atrás de pano, rodo e detergente e limpa tudo, mas a goteira prossegue, os alienados passam e a sujeira volta... E ele limpa e limpa, indefinidamente. Um dia, já não poderá fazê-lo... e o problema voltará. Trata-se de uma boa ação, sem dúvida, mas pouco eficaz.

Há um terceiro grupo que, ao passar por ali, pensará diferente: mais do que limpar o chão, procurará saber de onde vem aquele problema. Ao olhar para cima, encontrará a goteira e, então, fará o que tem de ser feito. Trocada a telha, consertada a infiltração, já não há goteira e, consequentemente, não há poça ou lama. O chão pode ser limpo pela última vez. Ação bem-intencionada e eficaz.

O exemplo, claro, é simbólico, assim como o ato de olhar para cima e encontrar a goteira. "Olhar para cima", para a nossa mente e emoções, nossos valores ou a ausência deles, significa observar atentamente e corrigir a causa do problema. Só os ingênuos acreditam que a origem da miséria está no plano físico. Ela sempre esteve e estará na miséria psicológica, moral e espiritual do homem. E quanto à causa da fome? Será falta de alimentos ou de honestidade? E da miséria, será a falta de bens materiais ou de fraternidade? Há que se olhar para cima e tomar uma atitude não apenas paliativa, mas eficaz. Além disso, olhar para cima é olhar para dentro de nós mesmos, com intenção de aperfeiçoamento, para ter o que ensinar, para ter a condição moral de ser um fator de mudança. Difícil, sutil e complexa é a generosidade... como tudo que é belo. Como é sutil e complexo o *Réquiem*, de Mozart, e *A criação de Adão*, de Michelangelo. Tudo que é belo e eficaz exige muito do homem! E a generosidade é uma mestra severa, tão exigente quanto bela, tão essencial para alimentar a nossa alma como tudo aquilo que alimenta o nosso corpo. Algo morre em nós se a ignoramos.

Nesses momentos de sede e fome de alma, lembre-se do que sempre disseram os filósofos do passado, esses eternos buscadores da sabedoria, do viver de forma humana: a melhor coisa que podemos fazer por aqueles que amamos é crescer, humanamente falando. É o maior ato de generosidade, e nossa alma se alimenta dele. Permita-se experimentar o sabor incomparável dessa virtude humana, a generosidade. E observe se algo mais, além dela, saciará tão completamente a sua fome.

> A generosidade é uma mestra severa, tão exigente quanto bela, tão essencial para alimentar a nossa alma como tudo aquilo que alimenta o nosso corpo. Algo morre em nós se a ignoramos.

NA CASA DE CÁLICLES

Já ouvi dizer que a imaginação é um poder mágico, e poucas coisas aguçam tanto a minha imaginação quanto os diálogos platônicos. Parece que até os sentidos atendem à nossa imaginação para recompor cenários, odores e sons, imagens e vozes do passado, sugeridos pelo requinte das entrelinhas do mestre.

Nestes tempos, lendo *Górgias*, um pequeno diálogo sobre a retórica, senti-me convidada como nunca à presença de Platão e de seu carismático e marcante Sócrates, como se de fato, em suma ousadia, tivesse conquistado meu lugar por direito ali, dado o envolvimento vertiginoso com aquela atmosfera, aquele momento, aquele ser humano tão especial.

Num voo pouco comum, subitamente me vi atraída a uma localidade distante, em algum canto do Pireu, nas proximidades de Atenas. Era uma casa quadrada, ampla, com um pátio ou ágora interna, com uma porta de acesso no androceu. Também contava com baixos relevos pelas paredes. Em um canto, havia jovens escravos servindo bandejas com pães, frutos, jarras de vinho... ou seja, era uma casa de uma pessoa de posses. Ao centro, estavam cadeiras e sofás de reclinar (*kline*), embora fossem insuficientes para o número de presentes: cerca de quarenta pessoas. Os mais jovens se espalhavam pelo chão, ao redor do centro... magnético centro. A um canto, em um *kline*, o idoso Górgias, ao mesmo tempo atento e reflexivo. A seu lado, o afoito Polo, com expressão entre ansiosa e aflita, olhava ora para seu mestre, ao seu lado, ora... para o centro.

Magnetizado por esse mesmo "centro", mas sentado em um tapete no chão, o mais próximo possível, havia Cálicles, o anfitrião, um pouco inclinado para frente, talvez por ansiedade, denunciada pela transpiração e agitação do corpo, talvez pelo desejo de beber avidamente cada palavra dita, embora a bebida parecesse, em alguns momentos, bastante amarga. Trazia cabelos revoltos e, no rosto, a expressão da angústia de quem quer saber, mas, ao mesmo tempo, suporta duramente o próprio conhecimento que deseja.

E, finalmente, o centro... levemente recostado de lado no braço da cadeira que ocupava, envolto em uma túnica de tecido rude e um tanto gasto, com as sandálias igualmente gastas e cobertas de pó, descalçadas por algum escravo, com voz pausada e doce, mas firme, e um olhar que alternava o foco entre o interlocutor e um ponto, em algum outro mundo, ponto esse que todos se esforçavam por também ver... Sim, lá estava Sócrates, como um sol, dando vida a tudo e a todos que gravitavam à sua volta. De modos e palavras simples, mas dignas e corteses, dialogava consigo mesmo, com sua alma, mas abria espaço, generosamente, para que outros tomassem parte nesse peculiar diálogo interno.

Passei os olhos pela sala, buscando identificar mais alguém: estariam ali Glauco, Adimanto, Alcibíades...? Não, certamente a presença deles teria sido motivo de nota e destaque no diálogo conhecido por mim. Estaria ali... Platão? Então, atentei para o fato de que tudo aquilo se passava dentro da imaginação de Platão; o palco daquele encontro era a mente do mestre, e minha imaginação ousava penetrar na dele.

Após o hipnotismo desses primeiros minutos, lembrei-me de mim mesma e de que eu também compunha esse cenário. Como dar veracidade a essa situação, sendo eu uma mulher, em meio ao público exclusivamente masculino de um diálogo socrático? Negar minha identidade feminina é algo difícil mesmo para uma imaginação muito fértil, mas eu havia ido longe demais para retroceder. Tinha que avançar e colher os resultados do meu esforço.

Passei por um grupo de jovens escravos que se afastaram um pouco à minha passagem, como se a minha presença feminina não fosse nada de excepcional. Apesar disso, ao correr os olhos pelo pátio, confirmei o que eu presumira: nenhuma mulher além de mim. Fui caminhando com cuidado, contornando participantes do diálogo, bandejas e taças, todos espalhados pelo chão.

Ninguém parecia me perceber por ali. Aproveitei a concentração de todos no tema do diálogo e avancei mais um pouco, sentando-me o mais próximo possível do centro, ao chão, um pouco escondida pela cadeira que havia ao meu lado, ocupada por um ancião de olhar severo e cujas mãos estavam cruzadas sobre o colo. Estava tão próxima do centro que podia sentir o arfar da respiração de Sócrates, entre cada frase pronunciada.

Naquele momento, Cálicles meneava a cabeça, sem palavras e um tanto aflito, enquanto o mestre prosseguia:

— Tua alegação contra mim, Cálicles, é a de que, levado diante de um tribunal, como vítima de uma injusta acusação, minha falta de habilidade para lidar com estes foros levaria ao meu fracasso e, talvez, à minha morte. Por isso, acusas de inútil a minha filosofia. Contrário a isto, eu te afirmo que disponho da melhor e única eficiente forma de me defender ante aquele Tribunal cuja acusação deve nos preocupar: aquele que julgará nossa alma, despida do corpo, verá, sem haver como iludi-lo, as feridas e mutilações que os vícios causaram nesta. Posso ter a tranquilidade de que minha conduta e meus princípios, guiados pelo bom conselho da filosofia, mantêm minha alma pura, digna e bem formada. Não há outra defesa eficiente, senão esta, e posso garanti-la para mim; logo, tenho sabido muito bem me defender contra aquilo que é de fato temível: a condenação da alma humana.

Cálicles se angustiava com aquela exposição. Por alguma razão, mas por causas bem diferentes, eu também me angustiava. Não era apenas a forma de vida de Sócrates que estava sendo julgada ali, era a forma de vida filosófica, em si. Seria mesmo apropriado permanecer indiferente às injustiças do mundo e simplesmente voltar nossa preocupação à saúde da alma, ainda sob o risco de que nosso corpo fosse destruído? Como fazer algo pelo mundo se deixarmos que os filósofos, os que de fato podem fazê-lo, sejam presas fáceis em mãos de tiranos?

Sócrates retoma a palavra:

O mais feliz dos homens é aquele que não maculou sua alma com vícios, assim como o mais feliz dos corpos é o que não adoeceu, mas se as almas ou os corpos adoecem, o melhor é aquele que busca a medicina ou a justiça, através da correta punição que possa curá-los. O pior e mais infeliz, sem dúvidas, é aquele que, doente de corpo, nega o remédio; doente de alma, nega a correção.

— Por isso, Cálicles, se o tirano comete injustiça contra o justo, tirando-lhe a vida e ficando impune, não é este último, o justo, a maior vítima, nem o mais digno de compaixão, pois é sempre muito melhor sofrer uma injustiça do que cometê-la.

A angústia, minha e de Cálicles, só aumentara, mas, enquanto para ele pareciam faltar as palavras, as minhas fugiram ao meu controle e explodiram, de repente:

— Mas, Sócrates, não te parece que há algo pior para o injusto do que a doença da alma, sem querer se curar? Não seria ainda pior, depois de muito sofrimento, por fim, querer a cura, mas faltarem os médicos, pois ele vitimou a todos com sua injustiça? Não seria por compaixão que o médico da alma, que é o justo, deveria procurar preservar-se de sofrer injustiças, pois sua vida é a esperança de redenção para estas almas mutiladas pelo vício? Não deveria o justo manter-se vivo por compaixão para com o injusto? Não seria egoísmo marchar tranquilo para o Tribunal celeste, de Minos, deixando para trás um mundo em chagas, sem esperança de redenção?

Minha voz parece ter soado cortante e metálica, despertando todos para a minha presença, estranha presença, naquele ambiente. Como que subitamente despertos, todos me olharam e se entreolharam, num misto de surpresa e indignação. Isso pouco me importava: não viajara mais de dois mil anos para me preocupar com preconceitos, antigos ou atuais, de mortos ou de vivos, que são todos muito parecidos neste particular aspecto. Só via Sócrates diante de mim, só ele existia. Precisava levar para casa aquela resposta, precisava descobrir como viver, como responder a mais ingrata circunstância que ronda todos os que despertam para a filosofia, ao longo da história: a incompreensão e a injustiça. Em minha modesta condição de aprendiz de filósofa, já experimentara o gosto de ambas e, agora, duvidava que minha reação tivesse sido a mais adequada.

Dei-me conta do olhar de Sócrates em minha direção: fixo, atento e, fato curioso, ele sorria ligeiramente, expressão que não esboçara até aquele momento. De repente, as palavras surgiram, pausadas e seguras, como sempre:

— Digamos, minha inesperada visitante estrangeira, que este nosso "imaginário" tribunal de injustos tivesse me acusado e levado à morte e eu a aceitasse com serenidade. O que mais te serviria como ensinamento, minha forma de viver, minha forma de morrer, ou ambos?

A pergunta me impactou. É claro que amava cada palavra de Sócrates, em vida, mas sua morte e a forma como a encarou foram simplesmente imprescindíveis. Sua dignidade, coerência e coragem, raras, sobretudo ante a uma experiência tão difícil, tornaram-se um patrimônio para todo homem que volta os olhos e a vida para a busca da sabedoria; sua morte foi um "fecho de ouro" para a vida, digna desta...

Sem me dar conta, balbuciei uma resposta: "Penso que ambos, Sócrates...". O mestre, levemente reclinado para a frente, com uma voz talvez um pouco mais baixa, ponderou:

— E não pensas, então, que o justo educa ao viver e ao morrer? Ao ser aceito ou ao ser rechaçado? Quando o consideram ou quando o desprezam? Toda a vida do justo é medicina para a alma daquele que deseja curar-se... ou talvez o seja mais ainda a resposta aos momentos amargos, por sua maior dificuldade... Não concordas com isso?

Sim, concordo, Sócrates...

A palavra "mestre" veio aos meus lábios... como ele a merecia! Mas talvez sua pronúncia, naquele momento, aumentasse o desconforto dos presentes. Ela não fora pronunciada, mas senti que ele a recebera.

— Então, concordas que o justo deve viver quando é justo viver; morrer, quando é justo morrer e deixar aos deuses a decisão de quando um ou outro é mais oportuno e útil para todos?

— Certamente, mestre...

Pronto. A palavra proibida escapara, a aspereza dos olhares transbordou em expressões entrecortadas e cada vez mais ruidosas de desconfiança e desconforto.

No meio do ruído, identifiquei a resposta do mestre a alguma indagação ou protesto de Cálicles:

— Agora é momento, meu bom Cálicles, de nos despedirmos, com tua admirável e já costumeira hospitalidade, da visitante estrangeira, que tem longo caminho pela frente até alcançar sua casa.

E, voltando-se para mim:

— É melhor partires agora, amiga. Leva meus bons votos ao teu povo, especialmente àqueles que, dentre eles, se dedicam à filosofia, e a cultivar, como consequência desta, a justiça e o bem.

Agradeci, levantei-me e saí, deixando, ainda nítidas, atrás de mim, algumas vozes confusas. Passando pela porta principal, caminhei reto, andando por ruas estreitas e empoeiradas, de volta ao meu tempo e ao meu mundo, agora, bem mais certa de que este não é exatamente o meu tempo e o meu mundo... Ainda há muito a caminhar. Mas sei que há que se caminhar sempre assim, reto, sem atentar às vozes confusas que nos cercam, buscando nosso mundo, trazendo dentro de nós a voz do mestre que, desde o centro, de um centro sem tempo, orienta, ilumina e aponta o caminho.

> O que mais te serviria como ensinamento: minha forma de viver, minha forma de morrer, ou ambos?

EU CREIO EM FADAS E DUENDES, EM PRÍNCIPES E PRINCESAS, NO AMOR... E NA VIDA

Quando era pequena, amava aquela passagem de *Peter Pan* em que a Sininho falava que, cada vez que alguém dizia não crer em fadas, uma fada morria. Eu batia palmas, energicamente, junto com Peter Pan, para que ela voltasse à vida e vibrava quando ela alçava voo, espalhando pó de *pirlimpimpim* para todos os cantos.

Um desses dias, escutava uma jovem que, ao lamentar o aparente fracasso do relacionamento, usou uma frase fatal: "Já não sou mais uma menina para acreditar em príncipes encantados montados em cavalos brancos e em amor eterno... Já me conformei com a realidade!". Acho que o pó de *pirlimpimpim*, tantos anos adormecido dentro de mim, despertou e soltou faíscas ao ouvir isso. Como assim? Que realidade? Que as paixões morrem, acho natural, pois buscam coisas tão superficiais que já nascem meio mortas. São tão instintivas que parecem mais anseios do cavalo que do príncipe. Tão densas e carregadas de fantasias, que parecem partir mais do fígado do que do coração... São mesmo fugazes as paixões. Mas por que devem carregar consigo o Amor? Quem disse que elas suportariam tal peso? "Mas os fatos comprovam...", diria a nossa jovem... Quem disse que a realidade se mede por fatos? A realidade se mede por sonhos. As coisas mais belas que temos são sonhos projetados por homens grandiosos, que atropelaram a mediocridade de suas "realidades" e ousaram levantar voo... Os fatos foram feitos para serem atropelados, para serem trampolim de sonhos... ninguém ensinou isso à nossa jovem? "Eu sonhava com príncipes e princesas, e vieram homens e mulheres...". Ótimo! Já temos a matéria-prima, o mármore de onde Michelangelo tirou seu Davi e sua Pietà. "Eu sonhava com 'Davis' e 'Pietàs' e me deram pedras de mármore!" Você o ouviu falar isso? Alguém ouviu?

Sabe o que é a realidade, minha jovem? Sonhar ardentemente com um príncipe, nobre, honrado, grandioso e digno, fixar firmemente esse sonho e, com a mesma força, segurar a mão do ser humano ao seu lado, embriagá-lo com seu sonho e ajudá-lo a caminhar para lá. O segredo é apertar bem a mão até doer os ossos. Se você apertar o suficiente, o efeito pode durar para sempre... não as mãos, mas os sonhos e os corações, de tal forma que não desgrudam mais. Se viemos ao mundo para ser agentes da Unidade, quanto mais "grude" produzirmos, melhor! "Teu amor me dá asas!", dizia Khalil Gibran a Mary Haskell, enquanto ela o arrastava montanha acima, mãos bem apertadas, para que suas asas pudessem ser testadas.

Que nem sempre dá certo, é fato. Às vezes, o mármore resiste, ou racha... Mas não desistimos do cinzel e do nosso ofício por causa disso. Príncipes e princesas esperam, impacientes, no mundo das ideias, para que alguém os traga ao mundo... E o mundo anseia ardentemente por eles, e sofre por sua ausência... Sofre das piores dores que um mundo humano pode sofrer, apenas e exclusivamente por sua ausência, e o amor é o único escultor hábil o suficiente para trazê-los ao mundo! Isso não é real? Diga, minha jovem, se tiver coragem, que isso não é real!

"Mas é trabalhoso, decepciona, dói..." Deixa eu te contar uma coisa: não existe dor maior do que a da mediocridade. Sonho não realizado, vida não cumprida, amor não exercitado... Não tem analgésico, no céu ou na terra, que dê jeito nisso! É, viver dói... Não viver, sobreviver apenas, não só dói, mutila.

Enquanto uma lágrima que, de tão humana, chega a ser doce, escorre pelo meu rosto, eu lembro que creio em fadas, que creio em sonhos, que creio nos homens, que creio na vida. E bato energicamente minhas palmas para despertar os seus sonhos, minha jovem. Para que a sua realidade seja povoada de Pietàs e Réquiens, e não de pedras brutas de mármore, nanquim e papel em branco. Nós não acreditamos em contos de fadas, nós os vivemos. Eles existem porque nós existimos, e pronto! Escolha o seu mundo, a sua realidade. Todos têm dores e realizações, cada um ao seu jeito. Eu opto, para hoje e para sempre, solenemente, por uma realidade que não é dada de graça, que se constrói com os materiais que nos oferece a terra e com os sonhos que esperam por nós, nos céus...

> Que as paixões morram, acho natural, pois buscam coisas tão superficiais que já nascem meio mortas. São tão instintivas, que parecem mais anseios do cavalo que do príncipe. Tão densas e carregadas de fantasias, que parecem partir mais do fígado do que do coração... São mesmo fugazes, as paixões.

A MENINA QUE VENDIA CASTANHAS

Numa manhã nebulosa e fria, fazendo o meu trajeto matinal, de automóvel, lembrei subitamente de um livro de histórias infantis que eu possuía. Foi uma dessas lembranças que afloram de repente, parece que para nos cobrar alguma coisa, e vão-se embora, sem maiores explicações. Era uma história de uma menina, um daqueles desenhos em que os olhos do personagem são desproporcionalmente grandes, redondos e vivos. Ela vendia castanhas num local onde nevava. As pessoas passavam, caíam flocos de neve, e lá estava ela, oferecendo castanhas em seu carrinho onde ardia um pequeno lampião. Uma paisagem exótica para uma criança brasileira; um mundo onde tudo parecia distante, misterioso e belo. E eu sonhava e sonhava com um mundo onde tudo fosse assim, povoado de magia e beleza.

Hoje, quando minha vida já dobra a quinta década, a menina volta para me visitar, numa manhã nublada, talvez para perguntar: "O que você fez com seu sonho?". Pensativa diante dessa desafiadora pergunta, baixo a janela do meu carro, que desce devagar, revelando o meu mundo. Continua não nevando nele. Mas há, no meio de carros excessivamente apressados e barulhentos, um tronco de árvore cortado, que se inclina para frente, como se quisesse vencer a própria imobilidade e avançar. Há um pai que carrega uma pequena menina sobre os ombros, a caminho da escola. Ela usa uma touquinha vermelha e sacode um ramo de árvore em uma das mãos. Há um pequeno cão que se esfrega na grama, quase sorrindo, morrendo de felicidade pelo simples fato de estar vivo. O que me ensinaram essas cinco décadas, pequena vendedora de castanhas de olhos brilhantes?

Deixa eu te contar. Durante esse tempo, já estive em países em que neva. E a magia não estava lá. Já vi muitos lampiões em muitas mãos, em noites claras ou escuras. E a magia também não estava lá. Tantas terras e tantas paisagens, algumas delas exóticas. Mas nada de magia! Apesar disso, visitei, sim, um local cheio de mistérios no dia em que comecei a conversar com meu próprio coração. Quando ele me disse que doía ver a dor humana e fez com que eu me comprometesse com ela. Meu coração me explicou que se alimentava de beleza e me fez buscá-la em todos os cantos (mesmo em cenas simples, com a vista pela janela do meu carro, nesta manhã) para não o deixar faminto. Quando ele me disse que, não apenas pulsava, mas também vibrava quando presenciava momentos de valor e de nobreza, de grandeza de alma e de generosidade, enfim, quando via um ser humano de verdade, ele me fez procurar cada vez mais esses momentos e essa visão e inclusive "fabricando-os" eu mesma, de vez em quando. Quando ele me disse que o brilho nos olhos das pessoas (como os seus!) são sinais de que lá dentro vive um coração como ele, que as pessoas necessitam das mesmas coisas, pensei que os corações humanos vêm todos de uma mesma família, todos com gostos muito semelhantes.

Temos diálogos longos. Nele, vejo nevar e fazer sol, vejo lampiões e estrelas, vejo sonho e vejo magia. Porque aprendi a língua do coração, jamais estou sozinha. E virei uma buscadora de paisagens internas maravilhosas, e de olhos brilhantes para compartilhá-las. Seja bem-vinda de volta à minha vida, pequena vendedora de castanhas... Não, eu não abandonei nem vendi o sonho que você me oferecia. Ele ainda está comigo. Posso reencontrá-la em paz!

E eu sonhava e sonhava com um mundo onde tudo fosse assim: povoado de magia e beleza. Hoje, quando minha vida já dobra a quinta década, a menina volta para me visitar, numa manhã nublada, talvez para perguntar: "O que você fez com seu sonho?".

ESTAMOS NO OUTONO E SE APROXIMA O INVERNO

Essa manhã, ante o espelho, passei alguns minutos brincando com meus cabelos brancos. Brincar é o verbo correto a empregar aqui, pois eu parecia uma criança curiosa diante da descoberta de um brinquedo novo.

Desde os 18 anos, por gosto pessoal sempre tingi meus cabelos, e esse hábito retardou a "grande descoberta". Tudo começou precisamente num dia em que, vendo se já era hora de renovar a pintura, examinei e percebi que vinham lá não apenas cabelos escuros, como sempre, mas alguns diferentes, absolutamente prateados. Fiquei tentada a desacelerar o ritmo do retoque da tintura para receber os visitantes, deixá-los crescer, pois queria vê-los e saborear a novidade.

Hoje, finalmente, eu os esticava diante do espelho, já grandinhos e numerosos (vieram em bando!) e curtia essa visão. Será que a natureza está querendo sinalizar que estou ficando... madura? Em outras palavras, mais poéticas, que o outono já vai avançado e que se aproxima o inverno? É esse o recado?

Mas... o que fazer com a vontade persistente de amassar o nariz contra a vitrine das lojas de brinquedos para ver as novidades, especialmente quando se aproxima o Natal? E as sessões furtivas de desenhos da Disney, com uma panela de pipoca no colo, cantarolando as musiquinhas? E a vontade de fazer traquinagens quando alguém dá uma oportunidade? E a de correr e rolar com os cachorros numa manhã ensolarada? Tudo é tão forte e vivo em mim como sempre foi... É isso que chamam de imaturidade? Ante o espelho, eu brinco de esticar fio por fio dos cabelos brancos e de imaginar qual experiência me rendeu cada um deles. Ao fazer essa relação, percebo que tantas dessas experiências foram tão valiosas que, se o preço que me cobram por tudo que me deram de possibilidades interiores foi um punhado de fios prateados na cabeça, saí ganhando e muito, o que torna a vida... um excelente negócio!

Mas não teria sido assim, talvez, se eu não tivesse procurado (coisa que ainda faço!) aplicar o mais rigorosamente possível o preceito filosófico de não permitir que os fatos gerem traumas e sim aprendizados. Que não fechem possibilidades, mas, pelo contrário, franqueiem novos caminhos, o que dá a tudo um sabor de começo, de novo degrau, com ar mais rarefeito e puro, que enche os pulmões de vida e traz renovação. Talvez seja isso a tal "maturidade", um outono que carrega uma bagagem relativamente grande de momentos de primavera. Tudo isso, os caminhos abertos e o compromisso assumido de atravessá-los até onde se elevam em novas provas e novos desafios, foi um pacto firmado com a vida e selado por um fio de prata. Assim, trago em minha cabeça uma biblioteca particular e portátil, um verdadeiro diário de viagem criptografado em fios prateados.

Mas isso não significa que eu não vá submergi-los, a qualquer momento, na tintura que espera por mim e por eles, no armário da *toilette*; as exigências da estética feminina acabarão por me forçar a isso. Mas aí é que a "traquinagem" terá mais sabor, pois estarão camuflados, e ocultarão meus segredos, que só eu e eles conhecemos, gravados em sua alma prateada, por trás da tintura, e na minha alma, que, sabe-se lá se também não é cor de prata, pelo efeito do brilho das numerosas estrelas que guardo dentro dela.

E continuarão a ter espaço, na minha rotina de mulher madura, os brinquedos, cães e manhãs ensolaradas, pois não me dedico a eles por falta de coisas sérias para fazer, mas, pelo contrário, por, depois de tantos caminhos percorridos, tê-los escolhido, dentre as coisas mais sérias que há para se fazer, nesta tão especial e rara arte de viver, a cujo cultivo os "maduros" se aplicam...

> Assim, trago em minha cabeça uma biblioteca particular e portátil, um verdadeiro diário de viagem criptografado em fios prateados.

SOMOS PROFISSIONAIS OU AMADORES?

Steven Pressfield comenta, em seu belíssimo livro *A guerra da arte*, sobre a diferença entre um profissional e um amador. Pode parecer curioso, mas o adjetivo "amador" vem mesmo de amor, daquele que ama, mas de forma passional, egoísta, imatura, temerosa, e que termina por não realizar a sua missão. Já o profissional é sóbrio, lúcido, tem ritmo, continuidade e senso de compromisso. Não se abate com as derrotas ou com as circunstâncias, atua, contra ou a favor delas.

Crer nos homens e trabalhar por eles é uma missão que, com certeza, exige profissionais. "Remunerados" pela ação em si, inexoráveis em relação aos próprios esforços, não nutrem fantasias ou expectativas insensatas de resultados, que podem ser escassos ou nenhum. Ainda assim, cumprem seu trabalho, fazem o que lhes incumbe, protagonizam e confiam. Fazem o que é humano, o que está além do humano há de estar presente e completar a missão, pois o profissional bate à sua porta, pontual e ciclicamente.

Enfim, trabalhar pela humanidade exige, certamente, atravessar o difícil umbral entre o amador frágil e hesitante e chegar ao sólido profissional.

Quem aceita o desafio?

O INTELECTUALISMO *KITSCH*

Para quem ainda não conhece, o termo *kitsch*, de origem alemã, vem ganhando espaço em nosso vocabulário como sinônimo de cópia malfeita, vulgar e, no caso de literatura, cheia de estereótipos e chavões. No campo do intelectualismo, ele vem também marcando presença, tornando-se tão comum quanto um bom arranjo de flores de plástico em cores vivas e descombinadas.

Refiro-me, como exemplo, a um artigo publicado pela revista *Veja* na edição número 256. O artigo, intitulado "A vida depois da vida", mistura neurologia, psicologia e genética para expor teorias que não são oficialmente dessas áreas, mas de pensadores em particular que, extrapolando totalmente seu campo de atuação, pretendem definir conceitos de natureza filosófica e até teológica com base exclusivamente na biologia.

Pontua-se o artigo com adjetivos como "crédulos" (sinônimo de ingênuos, segundo o Aurélio) e "fundamentalistas", atribuídos aos que acreditam na vida após a morte, enquanto se intitula o biólogo que se opõe a esse conceito como integrante de uma "estirpe de cientistas". Curioso é que, na edição da *Galileu* de novembro de 2011, o neurologista e filósofo Raymond Tallis, certamente integrante dessa "estirpe de cientistas", intitula como "neurobobagem" a tentativa atual de reduzir o homem a um "zumbi moral", produto de suas atividades cerebrais, e como "pseudodisciplinas" o campo científico que tenta explicar tudo via "funcionamento do cérebro". E ainda dá exemplos:

neurodireito, neuroestética, neurocrítica literária... E, agora, a *Veja* acrescenta a essa curiosa lista a "neurometafísica".

Mais um dado sugestivo acrescentado pelo artigo em questão: 51% das pessoas, em 23 países, acreditam na imortalidade da alma; no Brasil, esse percentual sobe para 72%. Será que, em *off*, paira nesse ambiente a insinuação de que credulidade é sintoma de subdesenvolvimento, ou será que eu, crédula leitora, estou vendo fantasmas?

Quem já teve a oportunidade de conhecer o texto do filósofo espanhol José Ortega y Gasset, em *A rebelião das massas*, quando trata do perigo do especialista, deve lembrar o quão bem ele define esse padrão de comportamento: "(...) outrora, os homens podiam dividir-se, simplesmente, em sábios e ignorantes, em mais ou menos sábios e mais ou menos ignorantes. Mas o especialista não pode ser submetido a nenhuma dessas duas categorias. Não é um sábio, porque ignora formalmente o que não entra na sua especialidade; tampouco é um ignorante, porque é 'um homem de ciência' e conhece muito bem a sua fração de universo. Devemos dizer que é um sábio ignorante, coisa sobremodo grave, pois significa que é um senhor que se comportará, em todas as questões que ignora, não como um ignorante, mas com toda a petulância de quem na sua questão especial é um sábio".

Nesse sentido, a reportagem em questão se esmera: esbanja falácias, como a do apelo à autoridade, ao colocar como "conclusão da ciência" aquilo que foi afirmado por apenas um cientista, havendo bastante controvérsia no meio. A falácia do ônus da prova – não foi provado, não é verdadeiro –, em "Nos 50 mil anos do homem sobre a terra, nunca se provou (...)", e até mesmo o ataque à pessoa, nivelando os "crédulos" a uma visão de um "além" estereotipado com "(...) Cadillacs amarelos conversíveis sobre ruas de ouro", em contraposição às "sérias e bem fundamentadas" afirmações científicas.

Não é necessário apurar muito o ouvido para perceber, nessa reportagem, um eco do mais puro positivismo de Auguste Comte, que, no século XIX, enunciava em alta voz que o científico era o ápice evolutivo do homem, incompatível com "infantis e superadas" crenças religiosas e filosóficas. Cópia do positivismo em pleno século XXI. Convenhamos, é *kitsch* na sua melhor forma.

Em contraposição à "não comprovada" e "irracional" crença na imortalidade da alma, a reportagem desfila afirmações categóricas curiosas e "comprovadíssimas": 1) "O pensamento sobrenatural no adulto é resíduo dos erros conceituais da infância." O que Jung diria sobre isso, em seu famoso *Livro vermelho*? 2) "O Universo é um caos, (...) tudo é aleatório e casual." – para afirmar, na sequência, que o cérebro é ordenado e ordenador, ou seja, não faz parte do universo, nem de "tudo". 3) De quebra, ainda ficamos sabendo que a responsabilidade pelos ataques terroristas às torres gêmeas teve como "uma das principais motivações" a crença na imortalidade da alma – para quem não sabe, o salvamento de mais de mil judeus por Oskar Schindler, na Segunda Guerra Mundial, também teve esta mesma "principal motivação"... Não é demais lembrar da falácia do "depois disso, por causa disso": crê na imortalidade; logo, é mais fácil se tornar terrorista (o terror do materialista Stalin e assemelhados são detalhes a serem desconsiderados). 4) Por último, mas não menos importante, desfere-se a joia das joias, brindada por dois "especialistas": "(...) nossos valores e crenças foram desenvolvidos para nos proteger da morte" e "o valor de uma coisa é definido por sua escassez (...) As consequências da eternidade seriam ruins para o indivíduo e um desastre para a civilização" – bela aplicação do "economês" ao delicado terreno dos valores humanos... Isso sempre funciona. Ou seja, a beleza, a honra e a grandeza que brilham em uma *Nona sinfonia* de Beethoven ou em um quadro de Rafael são resultados do medo da morte. Se fossem, ambos, absolutamente céticos e materialistas em suas crenças, produziriam mais. A questão é... mais de quê?

Uma coisa que pertence ao simples, quase simplório – mas não *kitsch*! – senso comum é o fato de que os grandes dramas da humanidade atual têm como raiz o materialismo e o egoísmo, na forma mais predadora e feroz. O "intelectualismo *kitsch*", com sua pompa de nomes laureados por títulos acadêmicos justificando afirmações mais que duvidosas, é uma gota amarga na ração diária de desumanização a que todos somos submetidos. Ofende a ciência séria, a filosofia séria, o bom gosto e o bom senso em geral. Quando não há nada a dizer, cai muito bem o silêncio e a discrição que sempre acompanhou os bons pesquisadores, seja qual for a área de atuação. Virá o tempo em que a inconsequência no uso das palavras, como hoje se pune o medicamento mal administrado, que agrava os males do paciente, venha a ser punida por delito de "lesa-humanidade". Correndo o risco de ser chamada de "crédula", eu não deixo de acreditar que virá este dia.

> Quando não há nada a dizer, cai muito bem o silêncio.

POESIA (E VIDA) COM PARÂMETROS

Esses dias, me surpreendi com uma reportagem da revista *Veja* (edição 2257), em que o poeta, tradutor e jornalista brasileiro, Nelson Ascher, em um artigo intitulado "Cadáver no meio do caminho", falava sobre a imposição de um modelo na arte, até os dias de hoje, a partir do que se fez na Semana de Arte Moderna de 1922, o que já está totalmente "fora de tempo" (já o era, segundo ele, em seu próprio tempo), e que gerou uma "camisa de força" para as artes em geral, inclusive a poesia, a qual, noventa anos depois, merece se libertar. Foi realmente muito bom ler isso e lamento não ter como chegar ao jornalista em questão para parabenizá-lo pela lucidez.

Infelizmente, porém, constato que a citada visão ainda é uma voz isolada, e que a "camisa de força" de que falei ainda é o uniforme exigido no meio poético. O mais triste é perceber jovens poetas começando a lançar-se ao seu trabalho poético já "uniformizados", sem que isso seja uma opção consciente.

Recentemente, quando ministrei a palestra "A Beleza segundo Roger Scruton", citava um exemplo desse filósofo inglês, em seu livro *Beleza* (2009), que me pareceu muito pertinente. Ele argumentava que a arte moderna, por sua absoluta falta de parâmetros e regras, assemelha-se a uma piada para retomar o argumento em seguida, lembrando que mesmo as piadas implicam regras: têm fins (devem fazer rir) e meios (não devem apelar para a morbidez, serem ofensivas etc.).

Cita o autor uma biografia de Mao Tsé-Tung em que se relata que o futuro ditador, jovem à época, havia rido às gargalhadas ao ver um equilibrista de circo cair do trapézio e morrer estatelado no chão... Scruton conclui convidando o leitor a pensar um mundo onde as piadas fossem dessa natureza.

A arte, as piadas, tudo se insere nos protocolos da vida, que tem parâmetros. A título de exemplo, vamos trabalhar com uma imagem que peca por falta de originalidade, mas que compensa por servir bem à ideia que queremos transmitir: a da vida como um deslocamento, uma viagem de automóvel. O que há de se conhecer para empreender uma viagem como essa?

É preciso saber que:

Existe uma estrada e essa é a via segura para se transitar. Tentar desviar muito dela pode levar a um desastre de proporções fatais;

Há que se conhecer o veículo e saber manejá-lo. Um bom curso de habilitação ensinará sobre o que é e como manejar o câmbio, o acelerador, a embreagem etc., além de um pouco de mecânica básica e uso de combustíveis adequados;

Toda viagem implica um destino. Para que o trajeto siga um bom ritmo e chegue a bom termo, é preciso conhecer, ainda que superficialmente, qual é esse destino, e querer de fato chegar a ele.

Esses parâmetros, de tão óbvios e lógicos, prescindem de explicações e requerem bom senso. São exatamente os parâmetros da vida que operam com as mesmas premissas:

1. Há uma estrada ou "dharma" segundo o conceito da filosofia oriental. Ela é o caminho de menor resistência que leva todos os seres ao aperfeiçoamento e à realização que lhes corresponde. Hoje, sabemos que até os elementos da tabela periódica seguem um processo de transformação em direção a estruturas mais complexas e completas. Os desvios dessa "estrada" vão levar à dor e ao desgaste, num processo de desvio/causa e dor/consequência, segundo a também conhecida lei do "karma" (causa e efeito).

2. Nosso veículo-personalidade tem estruturas mentais, emocionais, energéticas e físicas, cada qual com funcionamento próprio que deve ser conhecido para que possamos manejá-lo e conduzi-lo adequadamente em direção às nossas metas; o "combustível" adequado a cada um dos planos, inclusive, é algo passível de ser aprendido.
3. Devemos conhecer, além de as nossas metas individuais, a meta humana por excelência, a Sabedoria como exercício pleno dos atributos da nossa condição humana, enamorarmo-nos dela como Ideal e querer de fato caminhar nesta direção.

Esses parâmetros básicos são o que nos posicionam na vida de forma sensata e lúcida: identificados, orientados, motivados. São elementos de trabalho essenciais, mas que, curiosamente, não se transmitem por meio da "educação" do nosso tempo. Vemos a humanidade um pouco perplexa diante das portas da vida, sem nenhuma noção do que há adiante.

O curioso é que essa situação nem sempre é percebida conscientemente e contestada, mas muitas vezes ignorada e aceita com conformismo. Decora-se a antessala da vida e até se gosta dela. Nasce a cultura da antessala, a arte da antessala, a poesia da antessala... Superficial e destituída de qualquer conteúdo, esta última se diverte em produzir sonoridades novas e jogos de palavras curiosos sobre coisas absolutamente irrelevantes: uma arte sem mensagem, um envelope vazio, um jogo caleidoscópico de aliterações que lembram, eventualmente, um trava-língua, ou um simples abandono e a descrição exaustiva de banalidades. Enfim, chamada a falar a respeito de uma vida sobre a qual não conhece sequer os parâmetros básicos, parada ante a porta de entrada, a poesia moderna parece não ter nada a dizer.

Ante um público que pensa ter (e de fato deve ter) algo a ouvir, ela parece estranha e inútil. Abre-se um abismo. Quem, hoje, compra um livro de poesias? Arrisco-me a dizer que a expressão "não gosto de..." hoje talvez se aplique mais à poesia do que a qualquer outra modalidade de arte. Esta, que já inspirou povos e gerações inteiras com obras do porte de um *Mahabharata*, uma *Ilíada* e uma *Eneida*, hoje se coloca cada vez mais à parte da sociedade, sem nada a dizer a ela e tampouco oferecer de inspiração.

Concluo com uma pequena reflexão de uma outra obra clássica, o *Dhammapada* budista, que talvez tenha algo a nos dizer sobre esse triste impasse em que se encontra a poesia de nossos dias:

"Mais que mil palavras sem sentido, vale uma só palavra sensata, capaz de trazer paz àquele que a ouve." Diria que não apenas paz, mas um momento de fuga à banalidade, de reflexão e aprofundamento, que nos permita colocarmo-nos mais conscientemente ante os parâmetros da vida. Contrariando a famosa máxima de Théophile Gautier, da "Arte pela Arte", diria que devemos recuperar a "Arte pelo Homem" se queremos que os homens (e não apenas os críticos de arte) voltem a se interessar por ela. A arte que constrói homens e faz história, como já tivemos no Renascimento, e tantas outras famosas (e até hoje inspiradoras) ocasiões, no passado humano.

Vida como um deslocamento, uma viagem de automóvel. O que há de se conhecer para empreender uma viagem como essa?

RECEITA DE ALQUIMIA

Gostaria de aprender uma receita básica de Alquimia? Pois aí vai: comece por misturar um finalzinho de tarde ensolarada de domingo com a *Missa brevis*, de Palestrina. Feita a mistura, coloque-se, então, de frente para uma janela, bem aberta, sem vidros ou cortinas no caminho, em absoluta paz e silêncio, e respeitoso vazio de pensamentos. Simplesmente esqueça de si por alguns momentos, entendendo bem que esquecer de si é esquecer também de todos os julgamentos prévios que habitualmente despejamos sobre as coisas. Mantenha apenas corpo e alma limpos e olhos e ouvidos bem abertos.

Agora, começa a magia: veja as coisas. Veja como salta, vivo e vibrante, o verde das folhas... como ele se movimenta, soprado por um fresco hálito que circula em tudo, às vezes com movimento suaves, às vezes intensos e alegres, como uma alternância de vozes que se enlaçam em seus cantos de louvor.

Veja o céu, como o azul suave, cheio de nuances das luzes do poente, sugere a mais perfeita e plácida paz, num contraste que é quase perplexidade ante a volúpia da terra...

Veja como a luz se projeta nas coisas, nos cantos, em pequenos e dourados raios e reflexos, brincando de esconde-esconde e, às vezes, nos surpreendendo em um cantinho escondido, como se nos dissesse:

— Olha, também posso estar aqui!

Perceba, sem preconceitos, todos os ruídos: canto dos pássaros, ranger de um motor, vozes próximas e distantes, gritos de uma criança e de um vendedor ambulante... brinque de tradutor e perceba, em tantas formas, tantas línguas, aquela mesma mensagem que Palestrina expressou de forma tão clara: "*Gloria in excelsis Deo* (...)".

O sopro fresco que entra pela janela, a fresta que abri para a realidade me traz todas estas mensagens, que tantas vezes tenho visto e ouvido sem ver e sem ouvir. Os anjos de Palestrina a traduziram para mim. Diante da janela que abri para a vida, o amor ao mistério também vibra em mim, e eu o vejo... enquanto as vozes entoam "*Kyrie eleison*".

Tudo isso porque *Missa brevis* e o poente são pedaços espalhados do corpo de Deus que, encaixados momentaneamente, dão a ideia da beleza e perfeição do Todo, e não podem despertar em nós outra coisa senão pertencimento e plenitude. E, assim, meu caro alquimista iniciante, aprenda os primórdios da Alquimia ao se tornar um respeitoso buscador de uma maior intimidade com a Beleza, com suas exigências de pureza, seus protocolos de harmonia e seus mistérios, e com a janela que ela sempre nos abre, colocando-nos frente a frente com Deus.

> Diante da janela que abri para a vida, o amor ao mistério também vibra em mim, e eu o vejo...

MAKEMAKE HOJE ME ENSINOU

Todos nós temos, eventualmente (ou será "infelizmente" o advérbio mais apropriado?), momentos em que o sábio preceito filosófico de não se deixar afetar pelas circunstâncias cai ruidosamente por terra. Seja porque, por descuido, acumulamos erros que "baixam a guarda" da segurança e confiança, necessárias em nós mesmos, verdadeira "vigilância montada" que nos protege de muitos invasores desagradáveis, ou porque aquilo que chamamos de "circunstâncias" é um conjunto vivo, dinâmico e bem estrategista que vive procurando brechas na nossa guarda, às vezes com sucesso.

Basta uma atitude ríspida imprevista, inusitada e aparentemente gratuita, desproporcional a qualquer fator que tenhamos gerado dentro de um limite que nossa memória alcança, e lá vamos para o nocaute: tristeza, dor no coração, uma dor aguda e corrosiva, que, se não cuidarmos, desanda para o vulgar terreno da autopiedade.

Num dia desses, um tanto "nocauteante", eu voltava para casa procurando um assunto, um foco mental qualquer que me fizesse parar de pensar em todas aquelas bobagens. Passo inicial para cortar a dor, pois a mente cutuca impiedosamente qualquer ferida com uma morbidez irritante quando não se dá um "basta" em sua cantilena repetitiva. Com essa tentativa em mente e sem uma estratégia muito bem delineada, experimentei ler o jornal do dia. Prendi-me numa reportagem sobre um novo planeta nos limites do sistema solar, para lá de Plutão, um planeta-anão, como o próprio Plutão também acabou por ser reclassificado: Makemake. Trata-se de um corpo celeste inferior ao tamanho da nossa Lua, com temperaturas em torno de 240 graus negativos, nos limites escuros e distantes do sistema solar. Fiquei lá, entretida com Makemake, estranho nome, que descobri ser o nome de um deus da Fertilidade e criador da humanidade para o povo Rapa Nui, da Ilha de Páscoa. Inesperado encantamento me produziu essa notícia, aparentemente simples e inexpressiva. E encantamento semi-inconsciente, pois nem sabia dizer o que me interessava ali. Até que alguém que amo e que sempre me ensina muito resolveu passar por ali e dar palpites:

— O que você lia com tanta atenção?

Contei-lhe de Makemake, e de meu interesse por ele: só lera esse assunto no jornal, praticamente.

— Um planetinha escuro e gelado, girando no meio do nada... Por que te interessou?

Minha própria resposta, meio impulsiva, me surpreendeu:

— Ele parece feliz em ser o que é e fazer o que tem que fazer: girar no meio do nada.

E é fato: Makemake tem um albedo (brilho) muito expressivo, devido à camada de gelo em sua superfície. O planeta reflete os poucos raios de luz do Sol que lhe compete receber e gira regularmente, bem longe do aconchego, da luminosidade e do calor de seu esplêndido Pai celeste. Modernos telescópios precisam de condições especiais para ver que Makemake está lá. Desde 2005 procuravam flagrá-lo e só agora lograram alcançar uma imagem. Tão frio e obscuro mundo de Makemake... No meio do nada, recebendo tão pouco, sendo reconhecido por quase ninguém... Mas luminoso, ainda assim, sabendo multiplicar a luz que recebe, sabendo manter-se fiel à própria órbita e ao seu centro, o Pai. Distante, mas, ainda assim, Pai...

Guardadas as devidas proporções, tenho recebido mais luz e calor que Makemake; certamente não sei, como ele, reverter esse privilégio em brilho, que é uma forma de compartilhar e distribuir à sua volta a luz recebida. Compartilhar até mesmo com um bisbilhoteiro telescópio que o observa a uma distância cósmica...

Algumas vezes tenho deixado que a escuridão e o frio alterem minha órbita, tirem meu contato com o Centro. Nem sempre lembro de irradiar gratidão e realização pelo Pai que tenho. Em última instância, somos irmãos, eu e Makemake; como irmão mais velho e bem mais experiente, ele soube aproximar-se de mim e aplacar minhas angústias nesse dia. Qualquer desprezo ou dor que tente me surpreender, a partir de agora, terá que enfrentar a mim e ao meu Irmão celeste, radiante e humilde, fiel e regular, em sua órbita obscura e fria, "no meio do nada". Apesar de tão mais próxima do Sol do que você, Makemake, seu brilho, hoje, me atingiu de uma forma muito especial... Grata, muito grata!

> A mente cutuca impiedosamente qualquer ferida com uma morbidez irritante quando não se dá um "basta" em sua cantilena repetitiva.

MAIS UMA VEZ, O AMOR...

Elá se vai mais um Dia dos Namorados. Como o comércio é temático e colore as nossas cidades, circulamos por alguns dias no meio de inúmeros cupidos, corações vermelhos, fotos de casais apaixonados, e voltamos nossa atenção para o amor, embora não para entendê-lo, mas para desfrutar dele, como emoção súbita que quebra a monotonia e introduz um sabor diferente, mais ou menos intenso, mais ou menos duradouro, na nossa vida.

Alguns filósofos, seres com mania de querer entender as coisas, em vez de apenas saboreá-las, costumavam dizer que o amor é a busca daquilo que nos falta. Com esse pensamento em mente, eu saí por aí olhando um pouco para o mundo e para mim mesma e comecei a catalogar quantas coisas nos faltam. Na vitrine da perfumaria, cheia de imagens de amor, eu vi muitas rosas tristes, morrendo precocemente, amontoadas num vaso, sem água fresca, sem ar.

Serão trocadas amanhã, afinal, elas têm preço, não têm valor. Não há tempo para pensar em vasos, é tempo de pensar em amor! O homem maltrapilho recolhe as moedas que o jovem apressado lhe dá, mas fica, alguns segundos, perplexo, olhando para elas. Talvez não quisesse apenas moedas ou principalmente moedas, mas um olhar, um sorriso que lhe lembrasse que ele existe para alguém, porém, o jovem tem pressa: o amor o espera! A placa de trânsito, vandalizada, se equilibra pateticamente numa só perna, tentando, com a dignidade possível, cumprir ainda sua função: sinalizar o caminho para os homens que correm atrás do amor.

Os homens passam uns pelos outros sem uma palavra ou olhar: o que dizer a um estranho? Com um pouco mais de tempo, talvez percebessem que o outro é só mais uma frente de batalha contra o mesmo inimigo. A dor, a ignorância, o medo, a impotência ante a adversidade. Com um pouco mais de tempo, olhariam talvez para o outro e diriam, ainda que silenciosamente: "E aí, companheiro? Como foi com a preguiça e a tristeza, hoje? E a motivação e os sonhos, tudo ok? Força aí, parceiro!". Mas que bobagem, não há tempo para isso. Há de se chegar a algum lugar e despejar sobre o eleito do nosso coração todas as nossas expressões ruidosas de amor. Há que atravessar um caminho mudo de amor, passando por ruas e casas e animais e coisas e gente vazia de amor. Passar rápido, de cabeça baixa, deixando um rastro seco para trás, pois é preciso relembrar a alguém o quanto o amamos, entenda-se, o quanto nos deve, pois tanto "sentimento" não pode ficar sem contrapartida...

Peço desculpas ao publicitário, à moça da perfumaria, ao rapaz da floricultura, a todos, enfim, pois os filósofos são meio desmancha-prazeres. Se lhes falam de amor, imaginem, querem saber o que é isso e, uma vez razoavelmente entendido, querem usar para valer. Não se sentam, lânguidos, em bancos de praças, chorando pelos amores perdidos... pedir amor a um filósofo é como dar a uma criança uma grande caixa de lápis de cor. "Pinte só o que é seu, querida!" E ela te sorrirá com um sorriso matreiro e encantador e sairá pintando muros, ruas, pontes... sairá colorindo a vida.

> **Na vitrine da perfumaria, cheia de imagens de amor, eu vi muitas rosas tristes, morrendo precocemente, amontoadas num vaso, sem água fresca, sem ar.**

A AMIZADE

"Amigo é coisa para se guardar debaixo de sete chaves, dentro do coração (...)". Coisa boa é lembrar da voz cheia e melodiosa do Milton Nascimento cantando isso... E que caprichemos na afinação, pois o verso é bonito e inspira. Mas lá vêm os filósofos com questionamentos complicados: o que é guardar alguém no coração? Esse músculo que trazemos no peito não guarda nada, nem o sangue: bombeia para todos os lados. Será o coraçãozinho vermelho do papel de bombom? Esse significa o quê? Acho que uma emoção agradável, assim como a que tiramos do chocolate, só que vinda de uma pessoa.

Será que uma amizade é isso? Papo agradável, bom de bola, ouve boas músicas, mas, se não tenho o "amigo" à mão, vou ao cinema, que me proporciona mais ou menos a mesma coisa: distração e fuga da solidão, ou seja, sacia as minhas necessidades... É nesse coração que o Milton recomenda guardar tão bem?

Caso se perca, o coração se encontra de novo na *bonbonnière* mais próxima, em geral, a preços módicos. Mas talvez seja mais fácil começar do amigo, para só depois achar o coração. Entretanto, o que me diz essa palavra? Quando me lembro de amigo, lembro-me de alguém que sempre dá o que necessito, que pouco tem a ver, às vezes, com o que é agradável para mim ou para ele, sempre me ajuda a crescer com a palavra certa e precisa, bem amaciada pelo amor. Não ganha nada com isso: às vezes, sou chata, e ele gasta seu tempo para me dizer o óbvio, que eu teimo em não ver ou ouvir. Às vezes, não gosta do que eu gosto, mas me ensina a gostar de coisas que sempre me fazem bem.

Já viajamos juntos para lugares maravilhosos, mas nem sempre dá para tirar foto, porque as paisagens mais bonitas, essas um ajuda o outro a acessar... Dentro de si. Quando vejo uma coisa bonita, nobre, que "toca o coração", já penso: é a cara de fulano, meu amigo... E corro para compartilhar com ele.

Opa! Olha aí o coração! É isso aí, eu sei o que ele é: coração é o centro, o lugar mais profundo da minha identidade, onde guardo as coisas mais belas que eu já descobri em mim e na minha vida. Só entra nesse lugar quem tem fôlego para mergulhar fundo e, nesses mergulhos, meu amigo é o "cara", sempre soma, sempre me faz bem, de tal maneira que as conquistas guardadas neste meu cofre-coração são todas "propriedade compartilhada".

Um dia, vai chegar a hora do coração (o músculo) parar de bater. Nesse momento, se der tempo de pensar e somar tudo o que sou e o que fiz, com certeza vou lembrar de você, amigão, e vou dizer só para mim mesmo, mas tenho certeza que você vai ouvir, da mesma forma que sabe ouvir muitas vezes as coisas que só digo para mim: "Valeu, valeu demais, tudo... mas não teria valido a metade se não fosse por você, meu amigo!".

O que é guardar alguém no coração?

O SUCO DE LARANJA DE UM FILÓSOFO

N. Sri Ram, o grande filósofo do século passado, fez uma declaração sobre a memória que, às vezes, se torna um tanto difícil de explicar, tendo em vista nossos valores atuais. Um dia desses, enquanto preparava um suco de laranja, eu pensava sobre isso. Extrai-se o sumo de diversas laranjas, e a quantidade de cascas e bagaço é bem grande. Imaginei a seguinte situação: que o consumo desse suco fizesse bem à vista, e que, ao consumi-lo e ver melhor o mundo à minha volta, me sentisse grata àquelas cascas e bagaços, e quisesse levá-los comigo. Num dado momento, o fardo de arrastá-los seria tão grande que chegaria a neutralizar ou superar os benefícios da amplitude de visão trazidos por tal sumo.

Assim ocorre com a memória dos fatos: seu "sumo", o aprendizado, apura nossa visão interna, gerando sabedoria, capacidade de resposta humana à vida. Isso, essa parcela válida do passado, integra o que sou agora, no presente, sem ter de recorrer ao contexto do qual a extraí. Não necessito de nenhum tempo, senão desse tempo, em que estou de corpo e alma, e no qual o passado está incorporado e sintetizado naquilo que sou. Arrastar um fardo de cascas secas pode se tornar algo muito pesado, a ponto de nos impedir de caminhar... E exigir o "corte" misericordioso... A morte física.

Outra situação é não extrair o sumo das laranjas dadas pela vida, e restar apenas o peso, que, nesse caso, acrescido ao do sumo não usado, será ainda maior. Assim, o passado é só fardo, e a caminhada se faz, toda ela, com a mesma vista turva dos passos iniciais. Nesse caso, não há passado nem presente pleno: há caos primordial, potências não exploradas, aguardando o nascimento de Cronos... Sobrevivência e não vida.

Assim, ao espremer minhas laranjas, senti-me grata por ser uma filósofa, livre de fardos, sempre vendo um pouquinho melhor... Grata ao "pomar" da vida, por tantas oportunidades dadas, por me alimentar delas e por viver em um presente cada vez mais significativo e pleno.

> Não necessito de nenhum tempo, senão desse tempo, em que estou de corpo e alma, e no qual o passado está incorporado e sintetizado naquilo que sou.

QUEM SABE... O AMOR

Um dia, já há algum tempo, em uma aula ou conferência eu abordava o tão polêmico quanto atraente assunto das almas gêmeas e tratava da unidade possível entre dois seres humanos nos planos físico, psíquico e espiritual, quando, mais do que apenas atração física e afinidades psíquicas, eles compartilham sonhos e ideais.

Lembro-me de um jovem que se "retorcia", na plateia, visivelmente dividido entre um desejo de acreditar e um ceticismo vicioso e incômodo, o qual acabou por lançar contra mim de forma agressiva, talvez até por não suportar carregá-lo sozinho.

Após questionar o argumento por todos os ângulos que alcançou imaginar, sem sucesso, ele resolveu apelar para a artilharia pesada: a famosa falácia do "ataque à pessoa", último recurso quando não se logra derrubar as ideias de alguém com as próprias ideias. Disparou contra mim a pergunta direta e pessoal:

— Você tem um relacionamento assim?

Na época, não achei que deveria (e tampouco acho, ainda hoje) abrir minha vida pessoal num contexto como aquele, ante um interlocutor provocativo e predisposto a duvidar. Porém, hoje, trocando ideias com um imenso mar à minha frente, ele me trouxe à tona essa lembrança (sabe-se lá por que mistérios do oceano) e me veio a indagação: qual seria a minha resposta àquela pergunta? Talvez eu dissesse:

Deixa eu te contar, meu jovem, como eu vivo e o que tenho. Um dia desses, ao ver uma tempestade de uma janela, observei como eram belas as árvores fortemente sacudidas pela chuva e pelo vento e o tapete de folhas que cobria o chão quando a chuva se ia. Mas para apreciar melhor a beleza desse quadro, tinha de desviar os olhos de um edifício, grande e grosseiro, que havia à minha frente. O contraste era óbvio, a natureza é bela até mesmo quando destrói; o homem, por sua parte, deixa um rastro feio até quando tenta construir!

Voltei para casa guardando essa simples observação com a alegria e cuidado de uma criança que carrega uma pequena flor. Para quase todo mundo, ela seria banal e inexpressiva, mas meu companheiro a ouviu com atenção e dialogou comigo sobre como a ação da natureza é um reflexo da Lei do Universo (o *dharma*, segundo a tradição oriental), e o quanto a ação humana, contaminada pelo egoísmo, é reflexo do karma, lei de ação e reação, e, por isso, aparece como "feia" ante um senso estético que busca pegadas de harmonia e de identidade. Aquela cena, antes tão irrelevante, virou uma visão das leis do universo, se desenrolando ali, diante de nós... E, juntos, ficamos maravilhados com essa reflexão. E assim também se passou com muitas e muitas outras "pequenas flores", um dia, colhidas em um livro, em outro, numa janela etc. Tantos dias, tantas palavras belas, tantas visões especiais que somos capazes de evocar e provocar um na vida do outro...

No campo do psíquico, eu ensinei meu companheiro a gostar de algumas coisas, como ópera e poesia, e, hoje, ele tem muito bom gosto, melhor do que o meu, e vemos e saboreamos juntos os detalhes mais belos de cada uma. Por outro lado, ele me fez amar tudo que é engenhoso e organizado, tudo que se ergue sobre um trabalho persistente e justo, e que bate nas portas da história incansavelmente, até abri-las, por mérito do esforço e da inteligência. Através de seus olhos, amei a figura de Abraham Lincoln, a cidade de São Paulo, a figura mítica de Ulisses... logo eu, para quem, antes, a *Ilíada* se resumia a apenas dois personagens: Aquiles e os coadjuvantes!

Ele me ensinou a ordenar cada tempo e espaço da vida, até o quarto de um hotel onde nos hospedamos por apenas um dia, pelo simples requinte e respeito próprio de não querer estar em meio ao caos.

No plano físico, costumo brincar que sou culpada por vários dos fios prateados de cabelo e pelas rugas que vão surgindo no rosto dele (como se as achasse feias!). Para mim, elas são marcas de uma batalha, belas, pois abateram os obstáculos e franquearam os caminhos para ele, para mim, para tantos...

Ele me ensinou que os ruídos em nossos ouvidos, à noite, muitas vezes são apenas os sons da própria noite porque, enquanto faz silêncio lá fora, podemos identificar esses sons noturnos dentro de nós, como microcosmos que somos. E esses acordes têm embalado nossos sonhos, compartilhados noites afora.

"Mas não há brigas?", perguntaria o meu renitente rapazinho. Sim, há os pequenos (e meios!) ajustes de personalidades, dificilmente evitáveis. Mas ainda quando brigamos, sinto que, sobre nossas cabeças físicas (às vezes, mais "duras" do que deveriam!) pairam nossas almas, unidas e buscando, ainda enlaçadas, ouvir e compreender os sons da noite, em si, no outro, em tudo... Unidas pelo amor a esses mistérios, elas jamais se separam, e "arrastam" os corpos a encontrarem novamente o caminho da harmonia, nunca perdida no essencial...

Talvez o jovem simplesmente cerrasse o semblante, ou desferisse um irônico e sorridente "É mesmo?", para não se dar por vencido. E eu talvez respondesse, também sorrindo: "Quem sabe?".

Por dentro, porém, haveria só serenidade e certeza, pois eu não creio nisso, eu *vivo* isso. E hoje, essa demanda misteriosa do mar – quem sabe se não foi Vênus e sua voz trazida pelas espumas? – me pediu que eu o transformasse em palavras e tentasse transmiti-las aos jovens céticos do mundo, como uma oferenda. Talvez riam, menosprezem e duvidem, mas terá sido válido se alguma voz, de dentro deles, lá no fundo, em algum momento, chegar a se perguntar: "Quem sabe?". E mais válido ainda será se o relato lograr, nesse ouvinte eventual, abrir frestas para a luz de um grande Mistério que, quem sabe, se chame Amor.

> A natureza é bela até mesmo quando destrói; o homem, por sua parte, deixa um rastro feio até quando tenta construir!

DEFESA DE JOANA D'ARC A SEUS JURADOS

Antes de tudo, peço a vós, senhores meus jurados, escusas por ocupar-vos o precioso tempo com meus argumentos, que podem parecer-vos vãos e insensatos.

Imaginai que eu, simples e iletrada camponesa, tenha a árdua missão de procurar fazer-vos entender a razão de meus atos, diante de vós, que já me credes, previamente, desprovida de qualquer senso ou razão... O pouco que aprendi dos homens mostra-me o quão difícil lhes resulta entender realmente a alguém, especialmente quando tão pouco esse alguém se lhes assemelha. Em comum, entre nós, talvez somente essas estreitas cordas, essas amarras, tão visíveis em mim, lacerando-me a pele, e as que trazeis dentro de vós, sutis, ocultas, mas que vos laceram a alma talvez com muito maior intensidade.

Na pequena aldeia onde nasci e me criei, assisti, a cada dia de minha vida, ao espetáculo patético de ver morrerem os sonhos de uma comunidade, que refletiam os sonhos de toda uma nação, morte essa provocada pela mais lenta e dolorosa asfixia: a desesperança e a impotência. O que minhas visões transcendentes, tão propaladas e difamadas por este Júri, me indicaram não foi mais que o Eco Divino, a confirmação mágica daquilo que minha humilde visão diária já insistira em dizer e repetir. Se me dizeis que aquele simples e humilde povo, angustiado e ansioso por justiça, ao sonhar com uma existência mais digna, tinha suas almas dominadas pelo demônio e que Deus os desejava assim, constantemente aviltados em sua dignidade, débeis e sem objetivos em suas vidas, então vejo-me forçada a concordar convosco quando dizeis que o meu Deus não é mesmo vosso.

Por razões que me são alheias, sei que foi confiada a mim, e ainda agora sou capaz de senti-lo, a missão de reacender o fogo em seus corações, de despertá-los para a vida, fazê-los sacralizar seus esforços cotidianos direcionando-os para uma causa nobre, um Ideal... tive a oportunidade de servir de canal para o Poder de que necessitavam, e assim o fiz. Jamais me arrependeria, pois sei que já não os deixei como os encontrara. Deixei-os Homens, com uma terra e um Rei para amar e honrar; deixei jovens que podem orgulhar-se de seus pais e desejar fazerem-se iguais a eles. Ao caminharem, já não se curvam para o solo, mas, eretos, buscam outros olhos e quiçá até elevam o olhar para as estrelas. Do apático rebanho que eram, converteram-se em Homens vivos, realmente vibrantes, capazes de se impor e fazer-se respeitar.

Porém, não vos enganeis ao pensar que a luz que possuem emana de mim e comigo se extingue. A Luz que reside dentro da Alma de um homem, uma vez desperta, ninguém a rouba ou esmorece, tampouco vós, "ministros de Deus", enciumados d'Ele tê-la concedido diretamente aos homens, prescindindo de vossa nobre Hierarquia...

Quanto a mim, ou melhor, quanto àquilo que pretendeis destruir em mim, é apenas um mero instrumento forjado no Fogo e que, cumprida a sua missão, levais a consumir-se em fogo novamente.

O pedido que finalmente faço, já não a vós, mas a Deus, é que a enorme fogueira que erguestes "em minha honra" seja capaz, nem que por um ínfimo instante, de trazer-vos um pouco de Luz.

> O pouco que aprendi dos homens mostra-me o quão difícil lhes resulta entender realmente a alguém, especialmente quando tão pouco esse alguém se lhes assemelha.

CARTA A UM AMIGO

Não assisto passivamente a tuas desventuras como mera espectadora de um drama pessoal. Se não apenas por estimar-te, mas também porque essa história, para mim, soa bastante familiar.

Lembro-me de quando todas aquelas cogitações e ansiedades que te acompanharam desde a adolescência cobraram de ti, pela primeira vez, uma tomada de posição. Começaste a peregrinar por todas as religiões que se apresentaram como possibilidade de resposta. Mas, pelo contrário, nenhuma delas sequer permitiu perguntas. Apresentaram-te "verdades absolutas" condensadas em dogmas precários, que não resistiriam à mais débil análise crítica. Não conseguiste calar teu espírito indagador da Verdade, malgrado o tentasses, sei-o bem. Percebi que sofreste por não conseguir, como os demais, satisfazer-te com o que te ofereciam, pois a tua consciência recusou-se a retroceder para acomodar-se em "verdades" fáceis.

Sei que essa experiência te tocou tão profundamente que descreste e fechaste os olhos para qualquer nova investida no campo espiritual. Contudo, as cobranças de dentro de ti não cessavam.

Tentaste, então, ir ao encontro do que essa tua voz íntima exigia, ajudando o teu próximo como te era possível: materialmente. Primeiro, de forma direta, depois, quando percebeste que este procedimento não surtia efeitos senão a curtíssimo prazo, partiste para o engajamento em movimentos sociais e políticos que lutassem por garantir, a nível permanente, a assistência e a vida digna de que essas pessoas carecem. Porém, não tardaste em sentir que ainda não era o caminho.

Ainda me recordo do desânimo estampado nos teus olhos quando notaste que, apesar de todo empenho, dedicação e boa vontade investidos nessa tarefa, andavas em círculos... entendi que particularmente o que mais te magoava era vislumbrar, no ápice da batalha, nos teus companheiros e em ti mesmo as mesmas deformações de caráter e fragilidades que vias em teu inimigo. Neste momento, tua batalha estava perdida, pois caía inexoravelmente no vazio.

Olho para ti agora e vejo, por um lado, o sarcasmo e a amargura de quem já não crê em mais nada. Por outro lado, o sofrimento de quem tenta calar, dentro de si, algo que julga como uma "anomalia" que o impede de sentir-se igual aos demais. Vejo que declinas cada vez mais para a passividade. Sinto morrerem teus sonhos.

Quisera te ajudar, porque também percorri, passo a passo, essa mesma trajetória. Também duvidei que houvesse um caminho, mas, no momento em que assistia, inerte, à lenta sangria de toda a minha energia vital, ele foi colocado diante de mim. Ainda sinto a euforia que essa descoberta provocou. Retomo, já empoeirados, meus velhos ideais altruísticos, "arregaço as mangas" para pôr em ordem a minha casa física e emocional, a fim de torná-las veículo adequado a abrigar meu Espírito e as transformações que Ele há de processar em mim e através de mim...

Contudo, apesar dos grandes acontecimentos que têm lugar no meu mundo, prostro-me diante do teu olhar frio e inexpressivo. Crês acertadamente, talvez inspirado pela tua intuição, que a simples análise combinatória dos valores e signos linguísticos que já conheces, mesmo que tentada à exaustão, não te levará a nenhum lugar novo. O círculo vicioso de palavras, das quais lançamos mão tão profusa quanto inadequadamente, agora nos aprisiona. Nunca tive tanto a te dizer e, no entanto, permaneço muda e impotente.

De repente, uma ideia nova me socorre: percebo que há formas e formas de se "dizer" algo, que este Fogo interno que te direcionou e deu o tom de toda a tua vida não precisou, para isso, dirigir-te sequer uma única palavra... E nenhuma voz jamais se fez ouvir de maneira tão eloquente.

Procuro, então, meticulosamente, transformar a minha vida, cumprir com mais celeridade as etapas necessárias ao meu desenvolvimento, não só por ser esse o meu dever, mas também para transformá-lo em "voz" contundente que chegue até ti e te fale daquilo que tanto precisas saber.

Por isso, olha para mim e tenta entender quando reúno forças e me disciplino, quando renego, com humildade, valores que até então defendia com ênfase. Não entendas tudo isso como uma pantomima infantil que represento diante de teus olhos perplexos; faça-o também por ti.

Renovo minhas energias e, por vezes, posso até me embaralhar no meu entusiasmo de simples aprendiz, mas podes crer sem receio que o que faço é tentar erguer novos veículos de expressão para te convencer, fazer-te reabilitar a velha e essencial, embora tão deformada, mensagem do Amor Universal.

> Também duvidei que houvesse um caminho, mas, no momento em que assistia, inerte, à lenta sangria de toda a minha energia vital, ele foi colocado diante de mim. Ainda sinto a euforia que essa descoberta provocou.

POUCOS ENTENDEM DE AMOR COMO AS MÃES

Dualidade, paradoxos, jogos de opostos. Essa é uma das regras básicas de organização do mundo em que vivemos, e a maternidade não foge a ela: acontecimento absolutamente banal e prosaico para os que observam desde fora, mistério desconcertante para quem a vive. Contradição para a nossa visão racionalista que pretende abrir todas as portas apenas com a ferramenta do intelecto, a maternidade está aí para provar que há certas coisas que só se entendem quando são vividas. Assim, observadores, saibam que as mães vivem num mundo que lhes é absolutamente vedado, e que nem todo o amor que elas dedicam poderá ser traduzido em palavras, porque, aliás, o forte do amor não são as palavras. É nessa dimensão que as mães se encontram quando, diante de seus olhos perplexos, conversam com a própria barriga, que reage ao ouvi-la; as mães decifram o código secreto de choros e balbucios, entoam melodias que nem chegaram a ser compostas, mas que têm o infalível efeito tranquilizante e sonífero, e tantas outras coisas tão insólitas e tão belas.

Há emoções, há descobertas impossíveis de se expressar em palavras que a mãe traz em seu relicário, e que fazem dela um ser todo especial. Toda a mãe, por exemplo, que atravessou incontáveis madrugadas trocando incontáveis fraldas, que viu tantos dias nascerem ao som de sinfonias de pássaros e de bebês, sabem que as crianças e as manhãs são feitas da mesma substância: alguma coisa muito pura, de início, de despertar, que se encontra adormecida no homem comum e que, para nós, mães, torna-se uma reminiscência, uma magia que une as duas pontas da nossa vida. Sim, toda mãe tem um pouco de criança, um pouco de filha. Relembramos a inocência e a curiosidade diante de um mundo de coisas enormes, desproporcionais para nós; relembramos o colo, com aquele calor e sentimento de proteção e segurança absoluta que raramente voltamos a sentir na vida; relembramos vozes, palavras e melodias tão doces, embora nem saibamos mais o que elas diziam. Essas coisas, voltamos a descobri-las, quer na luz azul-acinzentada de uma manhã recém-nascida projetada sobre um bebê que brinca com os pezinhos, quer nos pés e mãos lambuzados de areia, ou nos incontáveis tesouros que guardamos, compostos de rabiscos, botões, pedrinhas e flores secas, ou nas intermináveis questões e explicações sobre coisas simples e pequenas, sobre as quais já havíamos nos acostumado a pisar insensivelmente e que, agora, somos obrigadas a parar, perceber e explicar: "Por que o céu é azul? Como é que o gatinho entrou na barriga da mamãe dele? Como é que a plantinha saiu de dentro daquela semente tão pequenininha?".

Portanto, toda mãe tem seus mistérios, suas histórias, quebra a lógica de trocas da sociedade numa doação sem espera de retornos, sem prazo ou limites, num aprendizado constante de generosidade. Quebra as barreiras do tempo e se torna novamente um bebê, uma criança, um adolescente, falando a mesma língua, compreendendo seus medos e desejos. Pois, verdadeiramente, só compreendemos aquilo que amamos, e poucos entendem de amor como as mães. Partícipes conscientes da obra da Grande Mãe, a Natureza, todas as mães compartilham de sua grandiosidade e também de sua beleza.

O forte do amor não são as palavras!

CONTÊINER

Esta é uma história já não tão nova, muitas vezes já foi repetida em sala de aula, mas continua sendo fonte de reflexões para mim. Por isso, acabei por querer compartilhá-la em um texto. Há alguns anos, quando eu morava em um prédio, estava passando casualmente por ele quando resolvi depositar diretamente no contêiner, a poucos passos de distância, um saco de lixo que eu segurava.

Fato corriqueiro, se algo não tivesse chamado a minha atenção: dentro do mesmo contêiner havia alguns sacos entreabertos, com vários álbuns de fotografia, de papelão amarelo e branco, daqueles no "modelo Kodak", muitos mesmo, talvez entre dez e vinte, dentro de dois sacos de lixo. Eram álbuns aparentemente cheios de fotos.

Contive a insensata curiosidade de mexer neles para folheá-los, mas carreguei comigo essa mesma intrigante curiosidade, talvez até hoje. O que haveria ali? Lembranças de um relacionamento encerrado com certa amargura? Restos da vida de alguém, pouco significativos para a memória de seus descendentes?

Por que não interessava a ninguém se lembrar daquele expressivo pedaço de vida contido em quase vinte carregados álbuns de fotos? Imaginei que os personagens retratados nas fotos, quando as tiraram, devem ter julgado, óbvio, que era importante gravar e relembrar aqueles momentos.

Ainda mais em um tempo em que era necessário levar os filmes para revelar, colocá-los em álbuns... Nossas modernas e rápidas fotos digitais admitem um pouco mais de inconsequência. Mas naquele momento eu me detive pensando na relevância daqueles momentos. Claro que, quem pensava assim, não pensa mais... ou não existe mais, fisicamente. E nada daquilo vale mais nada, só faz volume em um contêiner.

Isso criou uma tipologia de fatos na minha vida, a "Categoria Contêiner". Nela, eu coloco não apenas as dores, muitas vindas do meu orgulho ferido, do meu tempo mal-empregado, da minha personalidade que reluta em admitir sua própria insignificância, mas também as alegrias banais e inconsequentes, as "astraladas" momentâneas que não geraram nenhum estado de consciência, não digo nem construtivo, mas pelo menos humano em mim ou nos coadjuvantes da cena. Como minha pose desajeitada ante a Esfinge do Egito, por exemplo, em que minha imagem ocupava 70% do espaço e aquele imponente colosso se espremia em apenas 30%... Só para lembrar aos meus descendentes que, um dia, eu achei mais importante olharem para mim do que para a Esfinge do Egito... E tantas, tantas outras coisas, concretizadas em fotos mentais, emocionais ou físicas: tudo foi para a "Categoria Contêiner".

Honestamente, não me parece patético ou triste visualizar os grandes embrulhos dentro desse eu contêiner imaginário. O que me dói mesmo é a pequena, minúscula quantidade de coisas que ficou do lado de fora dele: o que se perpetuará, o que fará diferença na minha vida e na dos demais, no final do filme. Dói comparar esse pequeno pacote com o tamanho dos meus legítimos sonhos, sempre enormes, e minhas pretensões, maiores ainda. Sim, eu sei que há uma dimensão de tempo maior do que a durabilidade de qualquer contêiner, sutil ou concreto, e que sempre se poderá recomeçar. Mas o que foi desperdiçado foi a Vida, e é duro e cruel pensar em desperdiçar Vida e sonhos humanos, matéria-prima fundamental para mudar um mundo que necessita e anseia tanto por mudanças!

Claro, eu tenho uma preciosa teimosia que não me permitirá desistir jamais e, com o tempo, minha categoria *Out of Container* aumentará. Mas, se ainda resta um pouco de dor nessa memória, não é tanto e apenas por mim, é pelo desejo intenso de poder explicar aos outros que o desperdício é uma insensatez e, em última instância, um gesto de egoísmo. Onde estão as palavras para transmitir essa vívida constatação? Essa é uma tentativa. Quem sabe, quem sabe... Esperança também é algo a qual, felizmente, sou muito bem-dotada.

> Vida e sonhos humanos, matéria-prima fundamental para mudar um mundo que necessita e anseia tanto por mudanças!

CONVERSA SIMPLES, NUMA MANHÃ SIMPLES, SOBRE AMOR E SOL, CÃES E HOMENS...

Filosofia é algo tão natural que "saltita" simbolicamente dos fatos sobre nós como meu cão o faz comigo, agora, de maneira bem explícita (ou seja, nada "simbólica", pois ele é avesso a sutilezas), aproveitando-se do minuto de atenção que lhe dou. Saindo de casa num dia normal, bem cedo, para levar minha filha ao colégio, ela, ao ver a estabanada alegria do nosso citado enorme cachorro, veio com um de seus comentários, os quais, às vezes, ela mesma não se dá conta de que se trata do início de uma reflexão filosófica: "Esse cachorro fica mais feliz ao nos ver do que muitas pessoas ficariam...". Dessa breve observação nasceu uma conversa. Eu retruquei que o interesse dos cães pelos donos não é tão incondicional como ela pensa: bastaria colocar um pote de comida ou uma cadela dentro daquele terreno e já nenhum cachorro se interessaria por nós...

Porém, minha interlocutora não se deu por vencida: "Mas ele só se interessaria pela cadela enquanto durasse o cio, e pela comida só até comer tudo o que suportasse... Depois, os donos voltariam a ser os maiores amores da vida dele. Já os homens... só se interessam por outros seres humanos ou por coisas, sempre, e não dão nenhuma bola para os seres acima deles...". Sensato argumento, tive de admitir, mas complementei: "Está certo... mas também temos que perceber que grande parte dos seres humanos não se interessam realmente por outros seres humanos... Simplesmente têm diferentes tipos de fome ou 'cio': físico, psicológico (carência, solidão), mental (interesses)... No fundo, em muitos casos, é também interesse em si mesmos e nas próprias coisas: satisfação de instintos, preservação da vida, com a diferença que o ser humano tem mais necessidades (ou mais exigências) que um cachorro".

Isso a deixou um tanto perplexa: "Aonde você quer chegar com isso? Quer dizer que os cães sabem mais de amor do que os homens?". Bem, eu não queria dizer tudo isso... de fato, eu não queria dizer nada, a princípio, o único lugar em que pretendia chegar era ao colégio para desembarcar minha perguntadora mocinha. Mas tive que me colocar contra a parede e buscar respostas para esse assunto complexo e que surgiu de forma tão inusitada àquela hora da manhã, o amor humano e suas características.

Lembrei que, há não muito tempo, em uma pesquisa para uma conferência, busquei a "etimologia", ou seja, a origem da palavra amor, que vem provavelmente do indo-europeu *amma*, balbucio infantil para chamar a mãe.

Certamente, o bebê vê na mãe alimento, proteção, carinho, segurança física e psicológica. Mas, e a mãe, o que vê no bebê? Além do instinto, que também se manifesta com força nesse momento, a mãe tem diante de si um compromisso de doação que não se esgota quando o apelo instintivo se vai. É uma entrega de tudo o que tem de melhor por toda a vida, não esperando outra coisa senão a felicidade do ser amado. E pedir que ela não o faça é ofendê-la, ao pretender roubar sua identidade mais íntima e querida.

Certamente, não é só a mãe que é capaz desse sentimento integral e sem expectativas de contrapartida (e, eventualmente, há mães que não têm esse sentimento), mas o fato dessa possibilidade existir no ser humano é uma boa notícia sobre os limites da nossa capacidade de amar. E se imaginássemos um sentimento dessa magnitude para toda a humanidade e não apenas para os nossos próprios filhos (golpe de misericórdia nas motivações instintivas e interesseiras, para tirá-las de uma vez de cena), ou seja, um sentimento ainda mais puro, amplo e belo, que se satisfaça em si mesmo e não em recompensas? Seria possível?

Alguém imagina a temperatura média em que arde o sol, permanentemente? A quantos seres ele atende, com luz e calor, energia e vida, graças a esse seu sacrifício permanente, sem discriminações quanto a seus receptores e sem dependência de reconhecimentos? Ao imaginar um homem com uma capacidade de amor constante, pleno, desinteressado e destinado a beneficiar a todos a quem ele alcança, vejo que um homem desse tipo seria... uma espécie de sol entre os homens.

E, além disso, e se um homem for capaz de amar (como os cães o fazem) aqueles que estão adiante dele, seres que o inspiram por sua capacidade divina de realizações, inexplicáveis frente à própria limitação, e que não exigem deles mais que alegria legítima e amor? Acrescida a esse ser humano essa característica de "olhar para cima", ele ainda lembraria o Sol, poderoso em sua escala, mas humilde diante de um centro maior, da galáxia, em torno do qual gravita. E, assim, indo de centro em centro, chegaríamos ao Coração Misterioso do Universo...

Eu acredito no sonho de homens desse tipo, em homens solares... e parece que minha filha também ficou convencida pelo argumento (não é nada fácil dar a última palavra numa conversa com essa mocinha). Depois disso, prosseguimos a viagem caladas. E aquele sol suave e matinal que acompanhava nossa viagem parecia um cúmplice da nossa busca de compreensão do amor humano em maior plenitude, tentando iluminá-la...

> Já os homens... só se interessam por outros seres humanos ou por coisas, sempre, e não dão nenhuma bola para os seres acima deles...

ALGUMAS CONSIDERAÇÕES SOBRE A CHAMADA "TERCEIRA IDADE" E A ESTRELA DE BELÉM

Em meus estudos para a palestra que proferi sobre o simbolismo do Natal, voltei a me deparar com esta curiosa informação: tal como foi calculada por Kepler, foram encontrados registros da conjunção de Júpiter e Saturno, no ano 7 a.C., na tábua cuneiforme Almanaque estelar de Sippar.

Eu já conhecia essa teoria explicativa de Kepler para a Estrela de Belém, como um possível "Stellium" (conjunção de planetas, no caso, Júpiter e Saturno) ocorrido em 7 a.C., mas foi interessante relembrar. Recordei também da passagem bíblica que trata dos Reis Magos:

"Tendo Jesus nascido em Belém da Judeia, em dias do rei Herodes, eis que vieram uns magos do Oriente a Jerusalém. E perguntavam: onde está o recém-nascido Rei dos judeus? Porque vimos a sua estrela no Oriente e viemos para adorá-lo." (BÍBLIA, N.T. Mateus, 2:1-2. In: *Bíblia Sagrada: Almeida Revista e Atualizada*. Trad. João Ferreira de Almeida. Barueri: Sociedade Bíblica do Brasil, 1993.)

Ora, é sabido que os *Mags* persas, grandes observadores dos astros, acreditavam que quando Júpiter neutraliza Saturno em conjunção, isso indica o advento de um grande rei, terrestre ou celeste, ou seja, que um prodígio político ou espiritual está vindo ao mundo.

Bem, lembremos que, na mitologia grega, Júpiter é Zeus, aquele que ascende ao Olimpo destronando o pai, Saturno/Cronos, o deus do tempo, que devora todos os seus filhos. De fato, desde a concepção, nossa ampulheta é virada, e o tempo, nosso pai, começa a nos devorar. Mas o fato de Zeus vencer Cronos significa a possibilidade de transcender e vencer o tempo e entrar numa dimensão de eternidade. Entre os pensadores gregos, era comum a ideia de que a grande arte do homem é roubar momentos de Cronos para Zeus, ou seja, do tempo para a eternidade. Só o homem maduro, que já havia dado alguns passos em direção à sabedoria, era capaz de fazê-lo.

Aí temos o mito. E o que tudo isso tem a ver com a nossa forma de pensar nos dias atuais? É comum, atualmente, que a nossa sociedade, obcecada por produtividade, "sucateie" o homem de meia-idade e o substitua, no mercado de trabalho, pelo jovem, "cheio de energia e com muitos anos pela frente". Será que o tempo pode ser calculado de uma maneira tão simplista assim?

Um homem maduro de fato, e não apenas "idoso", é aquele que já roubou alguns momentos de Cronos para Zeus. Ele tem suficiente maturidade para entender um pouco mais sobre o ser humano, seus dramas e suas possibilidades, e para saber como lidar com as pessoas, o que esperar de cada uma delas, em que medida e em que prazo. Sabe o que é próprio de cada fase da vida e como extrair o seu melhor. Conhece a mecanicidade das fantasias, das alienações humanas e como encontrar a saída para elas e prosseguir seu caminho com lucidez. Sabe dos ciclos das emoções e da mente e de como tomar as rédeas de ambos... Sua vida tem peso, seus cabelos brancos são cicatrizes de uma guerra bem travada e, pelo menos em parte, vencida.

Quanto sofrimento pode nos poupar o aprendizado de tudo isso! Quanto ganho de tempo nos garante a condução de alguém maduro! Este é um homem cuja vida é marcada por uma estrela, pois, em sua vida, Júpiter/Zeus de fato neutralizou, algumas vezes, Cronos/Saturno. Ele "reina" sobre certas dificuldades, elas não o submetem mais. Quem garante que o jovem que se coloca agora diante da vida vai consegui-lo? Sim, ele tem quarenta anos de produtividade pela frente; mas, talvez, o cidadão de 70, com a ajuda da maturidade – quando a tem –, faça em quatro anos o que esse jovem não fará nesses quarenta. O tempo não é linear, não está sujeito à aritmética comum, pois Júpiter pode neutralizar Saturno e pode nos permitir reinar sobre as circunstâncias. A capacidade de um homem que chegou a esse nível de maturidade deve ser valorizada. Afinal, nem todos terão suas vidas brindadas por um Stellium!

Em 6 de maio de 2010, a *Folha de S.Paulo* anunciava, em um de seus artigos: "Em um esforço para aumentar suas exportações, as montadoras chinesas estão importando engenheiros aposentados do Japão". Que curioso. Ainda que numa chave bem materialista, a China entendeu a chave do Stellium e vem alavancando a sua indústria, importando as mentes ativas e brilhantes que o Japão sucateia por estarem "idosas".

Em tantas marcas no mercado, a antiguidade confere uma aura de confiabilidade e respeito; no caso do ser humano, não. De certa maneira, é como se considerássemos nossas vidas tão vazias que acumular muita vida só gera perda de energia, sem nenhum ganho apreciável.

Claro que é preciso dar oportunidade aos jovens, claro que é necessário pensar na juventude cheia de sonhos que chega ao mercado de trabalho. Mas cuidado: criatividade e renovação se baseiam num conhecimento depurado do antigo para obter soluções melhores. Senão, é impulsividade e desperdício. Na maioria dos casos, os grandes inovadores da história, em qualquer campo do conhecimento, começaram de fato a quebrar paradigmas... na maturidade.

Em 1994, Nelson Mandela, aos 76 anos, torna-se presidente da África do Sul e cidadão do mundo, graças à fantástica capacidade de perdoar desafetos, esquecer os injustos 27 anos de prisão em benefício de uma nação pacífica.

Não creio que ele pudesse fazê-lo aos 20 anos de idade. Um ano de vida do "Mandela Nobel da paz", do Mandela que subjuga seus interesses pessoais em benefício de um ideal de fraternidade... Quanto vale um ano de vida de um homem assim?

Não, o tempo não é horizontal e linear, e o ser humano é surpreendente demais para ser julgado por tão pouco. Há que se correr, enquanto é tempo, e resgatar e aprender com esses homens em cujas vidas Júpiter subjugou Saturno...

Sim, há que considerar a maturidade uma riqueza de um valor incomparável, se queremos, um dia, uma sociedade mais lúcida, uma vida humana com mais sentido, um mundo melhor.

> Não, o tempo não é horizontal e linear, e o ser humano é surpreendente demais para ser julgado por tão pouco.

CARTA PARA PAPAI NOEL

Querido Papai Noel,
Sei que tenho andado meio silenciosa nos últimos tempos, afinal, minha última carta foi aos 9 anos de idade e, daqui a três dias, já chego aos 51... Mas escrevo exatamente para te provar que essas décadas de silêncio não significam em absoluto que eu tenha me esquecido ou desacreditado.

Foi bem difícil, sabe? Durante grande parte da minha vida, tentaram me provar que você não existia e até tive que esconder essa minha crença. Confesso que até tentei desacreditar, mas havia uma imagem muito forte dentro de mim que não me permitiu: uma paisagem de neve e frio absoluto e, no meio de tudo isso, um velhinho sábio e generoso com roupas vermelhas como fogo.

Sabe, Papai Noel, apesar de viver em um país de clima tropical agravado pelo aquecimento global, algumas vezes, nesse tempo todo, eu vivi essa paisagem gelada bem dentro do meu peito: indiferenciada, indiferente, vazia. Acostumada a me virar bem no calor às vezes extremo, confesso que frio desse tipo me pega sempre desprevenida e gela completamente o meu coração. Corrijo: o gelo nunca foi completo... porque eu sabia que o senhor se escondia por lá, em algum canto, ainda que eu não alcançasse vê-lo, certas vezes. Mas sentia; sentia o calor da sua generosidade, via o reflexo distante de alguma chama de fogo, ouvia os ecos do sorriso que sempre dizia: "Não esqueça! Nada é tão grave; nenhum frio pode me matar!" – seguido sempre do indefectível ho-ho-ho, é claro, e isso me enchia (e enche!) de esperanças.

Depois desses anos de silencioso diálogo, eu resolvi, veja só, como recompensa pela minha incansável confiança, te pedir um presente. Não sei o que deu em mim, talvez tenha sido o tal nefasto efeito da propaganda infantil, o fato é que estou bem convicta disso: quero mesmo um presente, este ano.

Uma vez que me decidi a pedir, com cartinha e tudo, começou o difícil dilema de saber o que pedir, para aproveitar bem essa oportunidade, pois já não tenho tantas décadas assim pela frente e, julgando pela periodicidade das cartas até agora... talvez não haja outra. Mas que difícil... não me falta nada! Não consegui pensar em nada que eu quisesse tanto assim ter ou deixar de ter, embora remexesse o mundo dos desejos de polo a polo. Desejar é uma obra difícil: temos que saber o que nos falta para sermos completos, ou seja, temos que saber o que é um ser humano completo, coisa que a internet não diz. Talvez haja resposta numa "intranet", que converse com nossa própria consciência, mas esta vive fora do ar.

Mas... Espera um pouco, acho que descobri! Sim, sim, sim, já sei o que eu quero! Presta atenção, Papai Noel, pois este é um momento solene! Anote, por favor – não que eu duvide de sua proverbial memória, mas, como dizia minha vó, "prudência e canja de galinha...". De presente de Natal, este ano, eu quero... Sua presença. Muito, muito mais da sua luminosa presença. Sua luz, mais visível e perceptível, bem perto de mim. Seu calor, que prova que neves eternas, dentro de nós, são um blefe daqueles que, descuidados, não souberam proteger seus sonhos mais sagrados, e sopram a chama alheia, só de birra. Quero irradiar sua luz para que outros saibam. Ao passarem por mim, os descrentes e esquecidos, quero que tenham dúvidas; os que duvidam, certezas. Quero irradiar Papai Noel. Quero que, antes que meu sopro de vida cesse, e minha luz vá se encontrar com a tua, eu possa ouvir alguém dizer: "Papai Noel? Sim, sim, eu acredito! Basta olhar para aquela senhora que vai ali: ela anda de mãos dadas com ele o tempo todo!".

> Desejar é uma obra difícil: temos que saber o que nos falta para sermos completos.

PARA AQUELES QUE CONTEMPLAM A MORTE...

O que dizer de um assunto tão difícil e delicado, que parece esgotar as palavras? A morte, embora, em teoria, digam ser tão natural quanto a vida, parece absurda quando vemos inertes, diante de nós, aqueles que amamos.

Curiosa contradição, pois o amor não morre junto, não se detém frente a essa misteriosa barreira, ou seja, a morte nada pode contra o amor, que reclama, mergulhado em dores e indagações, por seu legítimo destinatário. Não adianta, não há palavras. O Amor domina a morte, mas não domina as palavras e, portanto, não sabe ensinar à mente o caminho para fazê-lo.

Sempre se soube que só se vence a morte ao nos encontrarmos e nos identificarmos com algo imortal em nós, de tal forma que nos venha a segurança e a paz de quem não compreende o adeus, mas apenas um "até mais". Talvez a resposta esteja na fonte poderosa desse amor rebelde que vive em nós, do desafiador Amor, que se curva sobre a morte e até além, e se eterniza. Sempre nos falam do eterno, de Deus... como encontrá-lo de fato nesse instante, a ponto de nos colocarmos de pé frente às tempestades do paradoxo e da dor? No passado mais remoto e mais recente, o homem sempre se vestiu com o nome do divino para enfrentar a incógnita e o Mistério: quer seja com as máscaras de Dionísio, no teatro grego, quer com a proteção da nave Apolo XI, nas missões espaciais. Talvez não haja, porém, missão mais misteriosa do que desvendar o sentido da finitude da vida humana. Como se resguardar com o rosto do divino nesse momento?

Percorrendo o fio da memória através daquilo que tenho, a minha vida, lembro-me de um dia em que eu consegui ser tão íntegra a ponto de deixar para trás qualquer interesse em nome da verdade. Algo em mim dizia: "Você é louca!", mas algo também dizia: "Você é humana!", e havia algo de glória nessa segunda voz. Um dia, eu pude viver a experiência de ser tão fraterna a ponto de presentear grande parte (ou tudo) do que eu tinha e do que eu era, profundamente tocada pela dor de alguém, ou de alguns. Algo em mim se lamentava pela perda daquilo que havia sido entregue... Mas algo também bailava e bailava, ao som de uma misteriosa música, que eu nunca soube reproduzir. Qual era a minha Voz? Quem era a máscara? Que era o eu... e o Eu?

Se eu catar as migalhas de Vida no meio da minha vida, talvez eu possa... Talvez eu alcance dar o salto além do aparentemente intransponível abismo e encontrar Deus como mais do que um Nome: encontrar alguns de seus atributos em mim... encontrá-lo em mim.

São pobres e simples palavras para você, meu desconhecido amigo que me lê, talvez sedento de palavras mais consistentes frente ao tamanho da sua ferida. Mas são motivadas pelo mesmo Amor que mede abismos para tentar vencê-los. Portanto, receba-as e, quem sabe, deixe que elas dialoguem com seu próprio Amor e que saltem juntos sobre este Mistério cuja vista não alcança, mas o coração, sim...

> Só se vence a morte ao encontrar algo imortal em nós.

A UTILIDADE DA FILOSOFIA

Imaginando como descrever o potencial de transformações que a Filosofia tem, lembrei-me de um antigo exemplo meu, nascido em sala de aula e já muito repetido, por mim e por outros, mas que, até onde eu saiba, ainda não havia sido descrito em um texto.

Quando dava minha aula explicativa sobre a Filosofia que praticamos, voltada para a construção do homem e para a transformação da sociedade, um jovenzinho, aparentemente bastante ansioso, disparou uma indagação ousada e desafiadora, embora não muito original: "Você quer dizer que vamos ajudar a humanidade ensinando Filosofia? Que coisa mais teórica e inútil! Muito melhor seria sairmos, todos nós, às ruas, distribuindo alimentos, remédios e outras coisas mais necessárias!".

Curiosa a arte da pedagogia quando a amamos: em vez de despertar a nossa ira, o desafio provoca a nossa imaginação, e posso dizer que, em situações como essa, nasceram meus melhores exemplos e reflexões. De maneira bem tranquila, propus a ele o seguinte exercício de imaginação: há uma falha na telha e uma infiltração no forro desta sala em que estamos, e uma insistente goteira provoca uma poça d'água bem no meio da sala. De acordo com a reação ante esse simples e banal fato, podemos dividir a humanidade em três grupos.

Primeiro grupo: os "alienados". São um tipo curioso. Não veem nada senão aquilo que lhes traz vantagens pessoais e imediatas. Em relação a todas as outras coisas – inclusive poças d'água –, pisoteiam-nas de forma, quando não inconsciente, pelo menos indiferente.

"Poça d'água? Ah... problema dos donos desta escola!" Se a poça ocupa um espaço público: "Problema do Governo! Eu pago meus impostos...". E sai, alegremente e sem culpas, deixando suas marcas de lama pelo mundo.

Segundo grupo: os "bem-intencionados". Como o próprio nome diz, têm boa vontade e costumam reagir rápido: "Sujeira? Deixa comigo: pano, rodo e detergente, um pouco de exercício físico e... lá se vai ela!" É fato: lá se vai... E lá se vem, pois a goteira não cessa. Nem cessa o trânsito intenso de alienados com sapato sujo. E aí começa o drama interminável: limpa, suja, limpa, suja, limpa, suja... Acontece que nem o pano, nem o rodo, nem o detergente ou mesmo o próprio bem-intencionado são eternos. Um dia, o esforço cessará, e o mal estará de volta em minutos. Podemos deduzir, então, que há boa intenção, mas muito pouca eficácia.

E o terceiro grupo? Aqueles que se intitulam "filósofos", ou seja, buscadores da sabedoria, não descartam a importância de limpar o chão, pois não há como ver com clareza em meio a tanto caos. Mas, realizada essa tarefa, farão imediatamente a pergunta crucial: "Qual é a causa desse problema?".

Olharão, então, para cima e detectarão a raiz da dificuldade. Próximo passo: consertar telha e forro! Finda a causa, findo o efeito, ou seja, ação bem-intencionada e eficaz.

Só o ingênuo acredita que as causas da miséria física estão no plano físico; as causas da miséria física sempre estiveram e estarão na miséria moral, psicológica e espiritual do homem. Ou seja, há mesmo que levantar a cabeça e "olhar para cima" para encontrar as causas. Você acredita que há fome devido à falta de alimentos ou à falta de fraternidade? E a pobreza? Deve-se à falta de bens materiais ou de honestidade? E a ignorância e a maldade? É falta de acesso aos bancos das escolas ou de formação moral para usar esses conhecimentos de forma humana e não egoísta? Como diria o sábio Arquimedes: Eureka! Encontrei! Torna-se óbvio que necessitamos mesmo de Filosofia para construir homens! E necessitamos mesmo de homens de verdade para mudar o mundo! E devo ser eu o exemplo de que isso é possível, pois eu sou o mundo que me corresponde mudar agora.

Todas as nossas reflexões, ao longo deste texto, foram inspiradas nos conhecimentos de alguns homens, sempre poucos, na história, que ousaram dar exemplo de uma condição humana digna através de sua obra e de sua vida; ou seja, foram filósofos, com boas intenções e eficazes até nossos dias.

Não é um bom desafio? Talvez um dos maiores e mais nobres. Sinta-se desafiado!

> E a ignorância e a maldade? É falta de acesso aos bancos das escolas ou de formação moral para usar esses conhecimentos de forma humana e não egoísta?

ENTROPIA

"Entropia", de *en-*, prefixo para "dentro" mais *-tropē*, "transformação", é um conceito da termodinâmica que acabou por ser estendido a vários campos, de forma um tanto imprópria, descrevendo uma tendência à desordem nos sistemas à medida que se deslocam no tempo.

Hoje de manhã, ao observar meu jardim, sabe-se lá "por que cargas d'água", como diria minha avó, eu me lembrava desse conceito. Olhava plantas, animais e a mesa posta para o café, uma cena doméstica prosaica e bela, e tentava me transferir no tempo, me imaginando dali a vinte anos. Na filosofia oriental, a chamada "teoria do impacto" ensina que a consciência se dá por contraste. Um exemplo disso é que só avaliamos o valor das coisas, de forma mais justa e completa, em geral, quando as perdemos. Mas podemos antecipar tal "contraste" através da imaginação... E era o que eu tentava fazer.

Sem amarguras, mas numa avaliação realista, daqui a vinte anos, provavelmente nada mais haverá dessas plantas em particular, nada desses animais; não vivem tanto assim. Tampouco os filhos tomando o café junto conosco. É natural que tomem seu próprio caminho e é bom que o façam.

Os nossos companheiros? Bem, em algum momento, algum dos dois terá de ir, deixando o outro a sós. Isso, embora doloroso, também é muito natural. Além disso, nossas capacidades físicas certamente estarão mais limitadas que hoje.

Nada fora da lógica da vida, nenhuma catástrofe, porém, do ponto de vista da personalidade, do ser físico que observa este painel... é arrasador! Só perdas à vista! Um sistema altamente "entrópico", na acepção mais popular dessa palavra.

Bem, vocês poderiam me dizer que isso é apenas o ponto de vista do "eu físico". Concordo plenamente, mas eu poderia devolver a pergunta com uma boa dose de crueldade: quando é que a nossa consciência olha para a vida a partir de outro "eu" mais elevado que o físico? Quando e quanto já fizemos isso? Isso é muito comum, muito frequente? Quantas vezes você o fez no dia de hoje?

Percebo que, quando a viagem, em vez de se dirigir para fora, dirige-se para dentro, ainda que apenas para o plano psíquico, o panorama já muda bastante: há uma espécie de "entropia ao revés". Aos meus 20 anos de idade (que já não vão tão próximos), eu não era exatamente um primor de equilíbrio emocional, nem tampouco o sou hoje, mas certamente, neste momento, minha vida emocional tem mais ordem que antes. Minha consciência e controle sobre minhas formas mentais também avançaram um pouco. Ou seja, sempre considerando a meta como distante, posso dizer que meu mundo psíquico é mais ordenado agora, sem dúvidas, do que na juventude. Porém, há algo mais além da psique. Podemos intuir a existência de um centro, um "eu" ainda mais profundo, como se fosse um observador silencioso da vida que passa ante seus olhos, que parece não se tornar mais nem menos ordenado com o tempo: é sempre o mesmo. Não há dimensão temporal e, portanto, não há entropias possíveis no mundo daquilo que sempre é, ou seja, no mundo da nossa identidade mais profunda. Portanto, há mundos e mundos, cada um com suas leis próprias.

Penso que tomar posse de todos os mundos em que nos cabe viver deve gerar relações maravilhosas que nos fazem ganhar sempre. Se posso ir para dentro de mim mesma e suplantar o tempo, também posso mergulhar em cada detalhe dessa paisagem familiar matinal, e todos essas coisas se mostram como símbolos de algo duradouro que há por trás delas. Posso atesourar a essência permanente, o "coração" do momento presente, se estou em relação com meu próprio "coração", meu próprio centro permanente. Por uma relação de paralelismo, percebemos que quem é superficial em relação a si próprio, deve sê-lo também em relação a tudo, e o contrário é igualmente verdadeiro.

Não consigo imaginar um homem sereno e feliz tendo que conviver com a entropia como único destino, de forma inexorável: a cada dia, mais um passo em direção à perda, em direção ao abismo... E de que vale, então, cada novo dia? Como encontrar alguma dose de felicidade assim?

Há uma frase enigmática proferida por Heráclito, filósofo pré-socrático: "Os que velam possuem um mundo em comum, mas os que dormem voltam aos seus mundos particulares". Talvez esse velar, esse "estar desperto", seja próprio dos homens que mergulham em si mesmos e se encontram, e, ao fazê-lo, podem encontrar-se uns aos outros e só assim será possível construir verdadeiros laços.

Superficialidade é sempre uma forma amarga de solidão. Segundo esse ponto de vista, o futuro se modifica significativamente. Não estaremos sós, nem perderemos nada. Nesse ponto-final, ideal luminoso onde tudo se sintetiza, estaremos mais plenos que nunca, mais capacitados que nunca, mais acompanhados que nunca. Essa meta, por si, ainda que distante, enche o momento presente de esperança, de confiança... De felicidade.

> Quem é superficial em relação a si próprio, deve sê-lo também em relação a tudo, e o contrário é igualmente verdadeiro.

CONFEITARIA COLOMBO

Esta é a terceira vez que escrevo sobre este assunto na minha vida, ambas as anteriores foram extraviadas. Por ser uma memória especial, resolvi reescrever, com a tônica do que sou hoje, como não poderia deixar de ser.

Trata-se da lembrança de uma simples lata redonda que minha mãe tinha, uma lata de biscoitos amanteigados da Confeitaria Colombo, em que ela guardava linhas, agulhas e botões. Havia um desenho redondo na tampa e alguns desenhos ovais fazendo toda a volta, como camafeus. Eram cenas de um cavalheiro e de uma dama da década de 1940, elegantes e gentis, pareciam apaixonados. Na tampa, ele puxava a cadeira para ela sentar. Nas laterais, ele abria uma porta de vidro emoldurada em madeira para que ela passasse; os dois dançavam, num chão de ladrilhos decorados, e lindos lustres pairavam sobre eles. Curvavam-se levemente sobre a mesa, saboreando doces; ele, embevecido, olhava para ela, enquanto ela baixava os olhos, um tanto enrubescida... E assim prosseguiam as outras cenas.

Eu me deitava na cama de casal da minha mãe para ficar da mesma altura que a lata e, diante dos meus olhos, começava a rodá-la. Às vezes, pegava apenas a tampa e mirava por sei lá quanto tempo. A mãe, de vez em quando, implicava:

"Larga isso, filha! Vai ver televisão!" E eu sorria ante a incompreensão dela. Mas eu já estava vendo "televisão"! A Zenith grandona da sala não oferecia nada tão belo como aquilo da lata. Diante dos meus olhos, a dama desfilava, delicada, e o cavalheiro acompanhava o movimento, elegante e cheio de atenções. Os dois eram formais, quase que cerimoniais em tudo o que faziam, até em degustar um biscoitinho. Ao dançar, eretos, distantes um do outro, ela pousava suavemente sua mão sobre o ombro dele, como uma pétala caída sobre a água.

E eu imaginava o que diziam: "Tu sabes o quanto te estimo...". Claro, tinha que ser sempre "tu", sempre segunda pessoa. Tratar alguém por "você", terceira pessoa, para mim, abriria espaço para que uma segunda pessoa se colocasse entre os dois: em geral, a impessoal figura da banalidade, da informalidade, que leva embora a magia de tudo. E eu imaginava... sabia que a mensagem estava clara, implícita, o tempo todo, mas ele jamais diria "Te amo" com apenas duas palavras. Usaria todas, todas as palavras, para que nenhuma ficasse enciumada (afinal, qual a utilidade de palavras que não servem para dizer "Te amo"?). Ele daria voltas e voltas ao mundo, buscando as mais belas palavras, e eles tocariam apenas fugazmente o chão e voariam, como um casal de bailarinos.

"A senhorita aceita uma contradança?" Senhoritas lembram borboletas, de tão diáfanas e delicadas que são. E a minha, especialmente, o era. Foi aí que aprendi, pela primeira vez nesta vida, a dificuldade de compartilhar sonhos. Minha mãe balançava a cabeça, sorria, um sorriso meio amargo, e dizia:

— Chega de fantasia, filha! A vida não é assim...

Hoje, os anos são muitos desde essa cena tão prosaica e especial para mim. A mãe, o pai, a lata de biscoitos, todos se foram... Mas os sonhos ainda estão aqui, cada vez mais vivos. E eu me pergunto: o que era mais real? Virá dia em que eu também me irei, mas aqueles que me amam herdarão o que de mais belo construí com minha vida: os meus sonhos. Ainda haverá quem imagine um mundo de suaves músicas, cavalheiros e damas verticais e corteses, tocando-se como pétalas, usando todas as palavras do mundo... Para falar de um amor cada vez mais amplo, verdadeiro e profundo. E eles deslizarão por tempos e espaços, quantos houver. Apenas uma imagem... ou não? A banalidade e o vazio, o viver egoísta, o matar o tempo, colecionando o fugaz, é também uma imagem, uma máscara que escolhemos vestir: simples assim.

Por que não escolhemos mudá-la? Porque não queremos, ou não acreditamos ser possível. Nenhuma das duas máscaras é nosso verdadeiro Rosto, aquele eterno e atemporal, mas, com certeza, a máscara bela o veste melhor e se parece mais com Ele. Eu me conto entre aquelas pessoas que creem não haver nada de dramático em deixar essa vida, na hora que couber, e seguir nosso caminho. Nesses dias, se houver quem queira relembrar algo de mim, não só meu rosto, mas meu coração, não olhe fotos, nem conte casos: apenas gire lentamente os desenhos de uma lata de biscoitos amanteigados da Confeitaria Colombo, na altura dos seus olhos, como um filme. De alguma forma, serei eu que estarei ali, bailando e sonhando, provavelmente, com a suavidade de pétalas caídas em lagos e com o voo de borboletas...

Afinal, qual a utilidade de palavras que não servem para dizer "Te amo"?

PLANOS PARA O ANO-NOVO

Não é incomum, no começo de ano, examinar o período anterior e listar as nossas "necessidades" para o próximo. Ao fazer isso, acabei percebendo que alguns dos meus projetos frustrados não eram reais necessidades, e sim simples desejos, quase que caprichos pessoais. Se tivessem sido realizados, talvez essa minha pequena meta tivesse se chocado contra a grande meta, a de todos os anos, a de sempre, que é crescer como ser humano e ajudar os demais a crescerem, da forma mais eficiente possível.

Aqueles desejos, se atendidos, talvez fossem mais vaidade, mais apegos, enfim, mais carga para arrastar pela estrada afora. Depois de manifestar a devida gratidão por isso e por tantas outras coisas que me beneficiaram por acontecer ou por não acontecer (embora eu as desejasse, naquele momento), paro para refletir um pouco sobre a questão: quais são minhas reais necessidades, aquelas que me dariam impulso e musculatura para o próximo degrau real da minha vida?

Que curioso isso! O homem, muitas vezes, não acredita na justiça, nos valores, na nobreza, no sagrado. Quantas "correntes filosóficas" de escolas contemporâneas gastaram montes de tinta e papel para dizer e reiterar que tudo isso é uma fantasia, uma invenção humana. Ok, e se for de fato uma invenção humana? O homem não inventa aquilo de que necessita? E se necessita, de fato (e não apenas deseja), isso já não é prova de que este algo existe? Que tal tentar provar para o faminto que a comida não existe? A necessidade é real e, neste caso, a convicção é absoluta, mas deveria ser em muitos outros.

A natureza é requintada e não cria verdadeiras necessidades que não correspondam a realidades legítimas em algum plano. Seria enunciar algo como, pedindo perdão pela pobreza da paródia: "Necessito, logo, existo...".

Daí, viria um bom questionamento: para saber o que é real, precisamos saber quais são nossas verdadeiras necessidades. Lembro-me de uma antiga história zen, muito badalada pela internet afora, mas creio que bem pouco compreendida, que sempre gostei de contar aos meus alunos. Um dia, um sábio mestre zen recebeu um jovem que se propunha ser seu discípulo – quase toda história zen começa assim:

— Pois muito bem, explique-me, meu jovem, a razão pela qual, na sua pouca idade, se resolveu a ser discípulo de um ancião como eu?

O jovem, que já esperava pela pergunta, ajeitou-se e recitou a resposta pra lá de pensada e ensaiada.

— Sabe, mestre... eu quero ser seu discípulo porque eu sinto uma necessidade ardente e desesperadora de Deus!

Calmamente, após não mais que alguns segundos de reflexão, o ancião se levantou e caminhou em direção às margens de um rio próximo, pedindo, com um discreto gesto de mão, que o jovem o acompanhasse. Ajoelhou-se bem próximo da margem, e assim também o fez, ao seu lado, o jovem. De repente, sem mais aviso, o ancião, bastante robusto para a sua idade, tomou a cabeça do jovem pelos cabelos e a mergulhou no rio, deixando-a aí. O jovem, perplexo, começou a se debater, sem conseguir se libertar. Mais alguns segundos, mais alguns, mais alguns e o jovem chegou ao limite do desespero, quase se afogando. Então, de súbito, o mestre o soltou.

— O que é isso, mestre? O senhor está louco? Quer me matar?

Levando o indicador aos lábios na vertical, no tradicional gesto de quem pede silêncio, com seriedade, o mestre indagou:

— Diga-me apenas uma coisa: quando estava lá embaixo, você tinha necessidade ardente e desesperadora de quê?

— De respirar, é claro! — respondeu o jovem, ainda um pouco atordoado com a situação como um todo e ainda mais com a estranha pergunta.

— Pois é. Quando você, meu jovem, tiver necessidade ardente e desesperadora de Deus tanto quanto teve de respirar, lá embaixo, procure-me, que o aceitarei como discípulo.

A historinha, embora curiosa, parece uma parábola moral meio lugar-comum, sem maiores consequências práticas. Mas pare para pensar, repetindo a pergunta inicial: de que necessitamos? Tem uma lista que é bem recorrente: necessitamos de reconhecimento, de autoafirmação, de lazer, de diversão, de segurança, de conforto, de nos sentirmos amados, de sermos lembrados e até de sermos "mimados", se possível... Opa, cadê a necessidade de justiça? De fraternidade? De nobreza de alma? Do Bem? E não digo nem necessidade "ardente e desesperadora", que nosso cacife dificilmente chegaria a tanto, mas, quem sabe... Uma necessidade um pouco angustiante? Incômoda? Ligeiramente... desconfortável e pontiaguda, por baixo de nosso travesseiro?

Achou essas "sadias dores" em você? Parabéns, amigo! Acabou de ganhar gratuitamente uma fonte de convicção inesgotável de que existem a justiça, a fraternidade, a nobreza de alma e o Bem! Não, não se trata de nenhum "bolão da fortuna", nem de propaganda enganosa para assinatura de revista! Ganhou mesmo! E ganhou por mérito, e não por sorte; o mérito das suas necessidades.

Relembrando bem, para não deixar nada importante para trás, neste Ano-novo, faça o que quiser: compre, venda, viaje... Só não descuide das suas necessidades humanas: alimente-as sempre, verifique se ainda estão aí. Não se esqueça do essencial. Elas são o passaporte para a viagem mais fantástica que alguém já sonhou realizar: em direção a um homem e a um mundo novo e mais "humano", verdadeiramente. Ele existe porque você (e tantos!) necessitam dele!

"Nada Te podemos pedir, pois Tu conheces nossas necessidades antes mesmo que nasçam em nós. Tu és nossa necessidade; e dando-nos mais de Ti, Tu nos dás Tudo."

(Gibran "A Prece". In: *O Profeta*)

O homem não inventa aquilo de que necessita?

A CELA, AS CHAVES... A VIDA

Há alguns meses, assisti ao filme *Mandela: O Caminho para a Liberdade*, de 2014, com o ator britânico Idris Elba no papel-título, uma das várias obras a respeito desse que foi um dos nossos mais ilustres contemporâneos. Não vou falar sobre o filme como um todo, que me pareceu válido e interessante, apesar das críticas ao contrário, mas sobre uma cena específica, que, longe de ser a mais importante ou tocante, ficou gravada na minha memória. Recentemente recolhido à prisão de Robben Island, em uma cela-cubículo de 2,5 por 2 metros, aproximadamente, Mandela, para não enlouquecer, começou a se exercitar de todas as formas possíveis naquele exíguo espaço até cair de exaustão (pelo menos assim mostra o filme).

Hoje, voltou à minha mente essa cena através de uma estranha associação, daquelas que só as "esquisitices" típicas de filósofos explicam. Olhando as pessoas andarem aceleradamente para lá e para cá, pelas ruas, tive a impressão de que todos fazemos o mesmo: movemo-nos o tempo todo até cair de exaustão para esquecer que estamos numa cela e para manter, nestas condições, alguma razoável sanidade. Como diversão, corremos atrás de coisas e sensações que nos agradam, tais como objetos e estímulos de diferentes formas, cores e intensidades, mas, no fundo, todos muito parecidos entre si. De fato, não passam de brinquedos para distrair, que colocamos dentro do quadradinho que chamamos de "nossa casa", que não pode ficar vazia, pois nós já estamos vazios o suficiente.

Até a presença do outro ser humano, muitas vezes, não vai além de uma "coisa útil" para esquecermos da cela e não sofrermos de claustrofobia. Depois de uma vida útil – ou inútil –, em geral pequena, todo esse monte de coisas que colecionamos é descartado e renovado. E aí, voltamo-nos para o nosso corpo: pintamos rosto, unha, cabelos, mente e emoções, pintamos tudo, e fazemos de conta que acreditamos nas cores mostradas uns aos outros. Mas a pintura desbota (que bom!) e, então, pintamos de novo.

Os hindus chamam este circular "eterno retorno" que executamos dentro de nossas celas de "roda do Samsara". Em uma aula, após explicar do que se tratava o Samsara, um ouvinte me disse que não havia entendido bem e me pediu para voltar a explicar. Eu o fiz, é claro, mas somente após alguns segundos de interna perplexidade: como pode não entender o Samsara? Será que ele não o sente?

Não fica tonto e sem equilíbrio de tanto andar em círculos de vez em quando? Quem não fica? Num dia desses, retornei a uma loja para procurar uma peça que tinha me interessado, um belo cisne de porcelana, e fiquei sabendo que já havia sido vendido. A vendedora, atenciosa, argumentou: "Que pena! Mas recebemos outras peças novas. Veja este leão e esta zebra: lindos! Não combinam com sua decoração?". Talvez combinassem, mas eu não soube como explicar para ela que o cisne era, para mim, mais que simples decoração: era um símbolo que representava algo, um mundo de uma beleza sonhada, que me provocava uma espécie de nostalgia ou de saudades de um lugar desconhecido. Eu não queria o objeto concreto, propriamente dito, mas queria algo que eu acessava através dele.

Não fazia sentido, para mim, naquele contexto, desejar algo que não fosse símbolo, que não criasse uma ponte para fora da cela, uma esperança. Não que leões ou zebras não sejam símbolos. Eles o são, mas não eram palavras que meu escasso conhecimento da linguagem da alma conhecesse e pudesse usar como ponte, naquele dia... Meu cisne era como o ursinho que a criança abraça, pois ele representa, para ela, a segurança e o aconchego dos braços dos pais, que existem em algum lugar, ela sabe, mas que não estão visíveis, por agora...

Há um livro chamado *A voz do silêncio*, obra extraordinária de Helena Blavatsky, uma autora que merece o mesmo adjetivo. Ela explica que, segundo a tradição tibetana, a origem de todos os males é a chamada "heresia da separatividade". O egoísmo de nos sentirmos separados uns dos outros e pensarmos apenas em nós. Daí viriam a solidão, a violência e tudo o mais. Parece-me que há uma grande chance dessa "heresia" ser a tal cela que tanto nos angustia e sufoca.

Nesse contexto, há uma lei universal, a Unidade, e o fato de ignorá-la reiteradamente nos levou à "penalidade" do isolamento e da consequente alienação, para esquecer do isolamento. Mas se as penalidades deveriam ser, por princípio, educativas, essa não tem sido: cada vez mais reforçamos o ponto que nos torna "infratores" dessa Lei.

Imagino um ridículo prisioneiro que assim o faria: em vez de tentar a própria reivindicação, a cada ronda que o carcereiro fizesse diante de suas grades, gritaria, a plenos pulmões: "Roubei pouco! Quando sair daqui, vou voltar lá e roubar mais...". Assim exibimos nosso egoísmo e separatividade ante o carcereiro-lei: com arrogância e até com certo orgulho. Não é difícil deduzir o fim dessa novela.

Cada dia mais eu me pergunto como viver sem o auxílio da Filosofia para nos ajudar a penetrar nas entrelinhas do curioso amontoado de fatos dispostos no tempo sem um sentido evidente, rastreando respostas. Como podemos pensar que a Filosofia é pouco prática ou difícil de se entender se ela está em cada passo, em cada decisão, na direção de vida que anseia por se tornar consciente e nas coisas, dentro e fora de nós, que esperam para serem dotadas de sentido?

Um antigo romance que li terminava em uma frase pomposa: "A posteridade entenderá o sentido de tudo isso...". É possível, mas a posteridade tem um terrível e grave defeito: demora excessivamente para chegar, e esperar por ela para buscar o sentido de tudo isso pode gerar ansiedade, vazio, tontura de tanto girar sem sair do lugar e exaustão. Filósofos sabem o que querem: a chave da cela. E não a querem na posteridade, mas hoje... agora. E a busca desta chave-símbolo constitui uma particular forma de felicidade.

Não fazia sentido, para mim, desejar algo que não fosse símbolo, que não criasse uma ponte para fora da cela, uma esperança.

DIA DA MÚSICA

Dia 1º de outubro comemora-se o Dia Internacional da Música, data escolhida pelo International Music Council, uma instituição criada pela Unesco (Organização das Nações Unidas para Educação, Ciência e Cultura), para celebrar esta que é, talvez, a mais querida dentre as artes. A finalidade deste pequeno artigo não é dar definições sobre a música, coisa tão difícil de fazer até mesmo para os especialistas, mas tentar pensar sobre a importância de dedicar um dia para refletir sobre ela e sobre o valor que essa manifestação artística tem em nossa vida.

Refiro-me aos leigos, aos apreciadores, ou seja, àqueles que, como eu, nem a compomos, nem a executamos, mas apenas desfrutamos dela. Uma das polêmicas que existem no mundo das opiniões, atualmente, trata exatamente sobre essa questão dos dias comemorativos. Quem já não ouviu o célebre pretexto: "Para que um dia dedicado só a isto? Lembro disto (ou desta pessoa) todos os dias... Datas festivas são só pretextos do comércio para estimular as vendas". Bem, os antigos paravam até as guerras para celebrar os jogos olímpicos, e não me parece que sua motivação fossem as barraquinhas de produtos à venda. Desde sempre, o homem soube da necessidade de usar o tempo como seu aliado para não se esquecer dos pontos essenciais da vida. Assim nasceram os calendários sagrados, lembrando que as coisas são sacralizadas quando nos ajudam a crescer como seres humanos, e a música, com certeza, cabe aí, pois ela tem esse poder.

As Musas, de onde vem o nome "música" (*mousikā*, "arte das musas"), dançavam no Monte Hélicon (a grande hélice ou espiral), em torno do deus Apolo, com sua lira. Através do eterno retorno das experiências humanas, compreendidas cada vez mais profundamente, "puxariam" o homem para cima, para aquilo que há de mais nobre e divino em si, sem dualidades ou contradições, ou seja, sem "polos" (origem do nome de Apolo, segundo Platão).

E como a música poderia ajudar nisso? Música é sempre vibração, um padrão vibratório que nos convida e até nos "seduz" a vibrar com ela. Uma das famosas máximas herméticas de *O Caibalion*, livro de origem egípcia atribuído ao sábio Hermes Trismegisto, proclama o seguinte: "Nada está parado, tudo se move, tudo vibra". A evolução, segundo essa tradição, seria um "aceleramento vibratório", que passa basicamente da matéria à energia, da Energia à Luz, da Luz ao Mistério, do Mistério ao Espírito e do Espírito a Deus. Como a música é essencialmente vibração, ela seria um convite para subir ou descer nessa grande espiral da evolução dos seres. Daí a preocupação do filósofo grego Platão com a música que o governo de um Estado deveria oferecer aos seus governados.

Todos somos testemunhas de como uma boa música nos renova depois de um dia estressante e de como certas músicas são capazes de despertar mau humor e irritação, sem que saibamos explicar muito bem como esse mecanismo funciona. Essa sintonia produzida com maior ou menor nível de consciência poderia (e deveria) ser usada na educação, segundo a concepção platônica, para auxiliar na modelagem de um caráter bem formado, harmonioso e, por que não dizer, melodioso.

Talvez seja esta uma das finalidades da instituição desse dia: perceber que a música, mais do que entretenimento, é um tipo de ferramenta pedagógica, nem sempre bem utilizada. Como se fosse o canto das Musas, que nos convida a ascender ao auge do Monte Hélicon, ou seja, ao cume de nossas possibilidades como seres humanos, até aquele horizonte onde roçamos a nobreza de caráter, a fraternidade como princípio e a integridade como valor.

Como a música é essencialmente vibração, ela seria um convite para subir ou descer nessa grande espiral da evolução dos seres.

AMOR E PEDRAS PRECIOSAS

Já conto cinco décadas de vida e, talvez, uma das experiências mais fantásticas que me coube viver e que gostaria de tentar transmitir é a de ter provado um pouquinho de algo que considero parecido ou um tantinho próximo a um amor verdadeiro. E posso garantir que ele tem muito pouco a ver com nossas expectativas comuns, com algo que traga vantagens ou satisfações pessoais de curto prazo, como se vivêssemos num enorme mercado de capital emocional, onde tudo é medido por custo/benefício e prazos de retorno, em bom economês.

Definitivamente não dá para nem esboçar alguma compreensão do amor com esses conceitos. Em primeiro lugar, ele não é dual, não participa do nosso cotidiano e bem conhecido jogo de "toma lá dá cá" que rege quase tudo em nossa vida comum. Não obedece a prazos, uma vez que, sempre misterioso, ele não se renova, mas nos renova à medida que o vivemos, direcionando-nos para a ideia do Bem, fonte de todo Amor que existe e existirá.

Não se intensifica ou arrefece com proximidades ou distâncias, pois sua geografia não pertence a um mundo convencional. Com o que, então, eu poderia compará-lo? Seria algo como uma rocha de dureza extraordinária. Uma pepita de um mineral denso e impossível de fragmentar, encravada, sabe-se lá como, bem dentro do nosso peito. Nem sempre prazeroso, nem sempre doloroso, mas sempre, sempre inexpugnável. Não negocia, não claudica, não hesita, não duvida, não aceita argumentos (nem os ouve!). É aguerrido e não conhece caminhos de volta. Se você disser ao Amor: "Eu te separarei do teu ser amado por mil anos!", ele não desistirá, aceitará a espera. Mas lutará para que sejam apenas 999 anos, ou 998 e meio... lutará arduamente, com toda a garra do mundo. Regateará com os deuses de todos os panteões para ganhar um ano, um mês, um dia a menos, mas nunca desistirá, sequer considerará esta possibilidade. Ela simplesmente não existe para ele, não participa da sua lógica. Como desistir? De si mesmo? Da essência da Vida? De Ser? Depois de já ter experimentado desse Ser?

Os antigos em geral consideravam os minerais de extrema dureza como atributos dos deuses e semideuses em seus panteões. Desde o jade dos chineses e maias, o lápis-lazúli e a esmeralda dos egípcios, o diamante, Vajra ou Dorje dos budistas indianos e tibetanos... uma rocha, sempre. Um diorito maciço, encravado em seus corações divinos. Talvez porque seja próprio do mundo espiritual jamais se dividir, ao contrário da matéria, que é sempre divisível, essas maciças pedras guardam um pouco do simbolismo dos atributos espirituais: o coração dos céus projetado no coração da terra.

Enfim, do muito que deve haver para se dizer sobre o verdadeiro amor, eu conheço muito pouco. Mas, como em qualquer mineral precioso, um pequeno fragmento já é dotado de considerável valor. E é esse pequeno grão de valor que eu ofereço, como um singelo, mas especial segredo que gostaria de compartilhar. O verdadeiro amor não se compromete a oferecer prazer, mas oferece algo de Unidade, incorruptível e duradouro, não é condicional nem condicionável, não se submete ao tempo nem se propõe dualidades ou alternativas. Desconhece o tempo limitado e aquilo que se fragmenta e deixa de ser.

O amor, definitivamente, é parte de um código de leis de um território onde as limitações não existem. Se você quer experimentar dele, deve querer ardentemente pertencer a este mundo, pois o amor é uma espécie de cidadania espiritual buscada com toda a intensidade e com o mínimo de egoísmo, pois ele não oferece nada. Antes, exige o melhor de nós como oferenda. E uma oferenda sem possibilidade de devolução ou perspectivas de dividendos de qualquer espécie.

> Enfim, do muito que deve haver para se dizer sobre o verdadeiro amor, eu conheço muito pouco. Mas, como em qualquer mineral precioso, um pequeno fragmento já é dotado de considerável valor.

SOBRE FILMES, CANÇÕES E FELICIDADE

Ontem, estava assistindo a um clássico de 1967: *Ao Mestre, com Carinho* (*To Sir, with Love*), marcado por uma canção inesquecível com o título do filme em inglês e pelo impecável Sidney Poitier no papel de um professor íntegro que, através de colocação de limites, ensino de valores e elementos práticos de vida, além de oferecer e exigir respeito, consegue recuperar uma turma de alunos adolescentes incontroláveis por qualquer outro profissional. Sei que esse tema foi explorado em muitos outros filmes mais recentes, mas nenhum me parece estar à altura desse, dentre outras razões, pela técnica plausível e eficaz aplicada pelo professor.

Mas não gostaria de falar do filme em si, e sim de uma frase da canção que se tornou tão famosa quanto ele. Em um determinado momento, a letra da música diz algo como: "O que, no mundo dos adultos, traz tanta felicidade quanto rolar na grama?". Imediatamente, me remeti à minha experiência pessoal de rolar na grama e, do alto dos meus 55 anos, tive que sentenciar. Não, definitivamente, na vida adulta, não há quase nada que traga com constância um momento de plenitude e alegria tão completo como esse. Independentemente de nossa infância ter tido altos e baixos e de nem tudo ter sido tão bom, momentos como esse têm um sabor único.

Insisto em achar que algo está mal explicado em nossa história. Eu me incluo de forma bem embasada entre aqueles que não creem que a natureza seja caos, mas sempre cosmos. Portanto, creio que há uma felicidade de igual qualidade para os adultos e para todas as idades, apenas adaptada às novas condições. Talvez o problema resida nesse ponto, pois no intuito de adaptar, mutilamos elementos imprescindíveis à felicidade em qualquer momento da vida.

Senão, vejamos o que havia nos momentos de felicidade da infância, quando rolávamos na grama:

1. Presença: estávamos de corpo, mente, emoções, tudo presente, enchendo-nos de terra e de grama, juntos e colaborativos. Nada de nostalgias ou ansiedades, um tempo pleno e autossuficiente.
2. Despersonalização: nenhuma necessidade de afirmação do eu com este ato. Rolávamos nós, os amiguinhos e quem quisesse rolar, e a gente se divertia com a bagunça de todos, sem competições, conflitos ou vaidades.
3. Nada era frio e simplesmente racionalizado, tudo era tingido por emoções muito simples e sadias. Saboreávamos as pequenas coisas que se apresentavam todos os dias. Meia dúzia de tampinhas de garrafa e você já tinha um jogo que envolvia todas as nações do mundo, ou até de outros planetas e galáxias...

Enfim, você saberá acrescentar os itens 4, 5, 6 e sei lá mais quantos, e verá, talvez com a mesma surpresa que sinto agora, que não era necessário abrir mão disso. Quebramos as pernas da nossa felicidade e, agora, ela tem pouca altitude e mobilidade. Fica presa a momentos raros, ou se reduz a mero prazer sensorial, em todas as suas categorias. Dá para desenvolver essa ideia, e muito! Deixo a tarefa para você.

Apenas acrescento uma pequena e doce lembrança, como arremate apressado da história. Minha avó dizia que as libélulas eram fadinhas enfeitiçadas por uma bruxa má e que, um dia, voltariam à sua forma real. Ainda hoje, gosto de libélulas e olho para elas com aquele ar de cúmplices de um segredo. Várias vezes, antes de deitar, em minhas orações eu pedia a Deus que ajudasse a quebrar o feitiço e as fizesse voltar a ser fadinhas.

Pedia com fervor e lágrimas nos olhos, algumas vezes. Não sei como Deus resistiu a isso, se é que resistiu. Mas uma coisa é certa: nunca mais, na minha vida, fui capaz de uma oração tão autêntica como esta, nada de benefícios para mim, puro amor e compaixão pela suposta dor das libélulas, com seus generosos dois pares de asinhas para emprestar um a quem quiser voar. Eu deveria ter progredido a partir desse ponto, em minhas orações, sem perder essas bases...

Vou refletir bastante sobre isso e desejo o mesmo para vocês, mas, por agora, vou por aí, ver se encontro alguma libélula para pedir que ela ore por mim, para que eu também recupere minha verdadeira forma. Quem sabe...

O que, no mundo dos adultos, traz tanta felicidade quanto rolar na grama?

MINHAS OITO ROSAS

Elas tinham dois tons de cor-de-rosa e que suave e lindo efeito o *ton sur ton* provocava. Eram oito, de início, e seis delas sobreviveram por fantásticos dez dias, recebendo todo cuidado e carinho que eu pude e soube dar.

Elas me retribuíram com, além de beleza, dois momentos especiais. Um dia, ao acordar, encontrei uma delas, ainda uma jovem rosa, quase um botão, totalmente despetalada. Depois de suspeitar do gato e ele me apresentar seu álibi (a porta dormira fechada), vi que havia restado uma pétala escura, junto à base da corola, e que essa cor escura havia atingido o "coração" da rosa.

Quando peguei as intactas pétalas que caíram sobre a mesa, vi que havia um pequeno ponto, na sua base, que tinha aquela mesma cor, e que as fizera soltar e cair, todas de uma vez. Uma pequena pétala escurecida contaminara o coração da rosa e a fizera perder, de um dia para o outro, toda a beleza que possuía. Ainda perdi mais uma rosa exatamente assim, no dia seguinte. É lógico que isso me fez passar muito tempo pensando sobre o necessário ato de proteger o coração das coisas e o nosso próprio contra esses ataques insidiosos e noturnos, pequenos e obscuros, mas fatais. Lembrei de Ulisses, erguendo-se desnudo do oceano, após ter perdido tudo o que tinha, exceto um véu, dado pela deusa Ino, que protegia... seu coração. Assim, pôde ser digno de ser levado pelos feácios à brilhante ilha de Ítaca... "Faça com que essa história viva para nós em todos os seus múltiplos significados, ó Musa!", dizia Homero em sua Oração, na abertura da *Odisseia*. Hoje, minhas rosas, talvez como um recado das Musas, trouxeram essa oração à minha memória.

As seis sobreviventes, por sua vez, desabrocharam, bonitas, mas não chegaram a expor totalmente seu coração. Sempre há uma última pétala, resistente, retorcida e teimosa, que encobre até o fim o coração da flor. É difícil que ela viva o suficiente para vencer este obstáculo final. Por isso, às vezes, aflita e querendo ajudar a rosa a chegar ao seu momento de glória, exibindo e entregando seu coração, eu costumo extrair a última pétala. Sei que deve ser uma operação dolorosa, mas, ao vê-las morrerem sem atingir esse ponto, passei a achar que é uma dor válida... Pedi às Musas ou a qualquer ser sagrado que passe por mim, que me ajude, arrancando essa última distorcida cobertura que esconde meu coração. E que me auxilie na compreensão da dor, percebendo, além dela, algo de Glória, que não obteria de outra forma. Não quero deixar o mundo sem essa oferenda.

Era só um buquê de oito rosas. A vida delas foi fugaz, para mim. A minha também o será, perto de tantos outros seres mais duradouros. Mas elas embelezaram minha vida e me ensinaram coisas preciosas. Será que eu também conseguirei deixar o mundo com essa certeza?

Não quero deixar o mundo sem essa oferenda.

"QUE SEJA FELIZ QUEM SOUBER O QUE É O BEM!"

Este verso da tão conhecida "Então é Natal (Happy Xmas) (*War Is Over*)", canção do álbum *25 de Dezembro*, da cantora Simone, que, embora antiga, ainda se faz bastante presente na época de fim de ano, merece, com certeza, mais do que um cantarolar despretensioso, pede uma boa reflexão filosófica. O que seria "saber o que é o Bem"?

O mais curioso é que, na canção, a felicidade é colocada como resultado de saber o que é o Bem, ou seja, como objetivo secundário e não principal: ao sermos fraternos, justos, isto é, humanos, somos, consequentemente, felizes; ao desejarmos a felicidade em primeiro lugar, a qualquer preço, corremos o risco de pagar um preço alto demais, que nos desumanize. Um belo conceito, sem dúvida.

Mas, voltando ao principal, o que seria mesmo o Bem? Num momento de relativização de tudo e filtragem de todos os valores através da lente mais que duvidosa do egoísmo, o comum é percebermos que, para a maioria de nós e na maioria do tempo, o bem é aquilo que nos beneficia a cada momento. Ou, mais restrito ainda, o Bem é o que agrada ao nosso gosto e não o que atende às nossas necessidades reais para crescermos e atuarmos como seres humanos legítimos.

O filósofo Platão, em seu "Mito da Caverna", diz que aqueles que atingem a sabedoria (saída da caverna) veem as coisas iluminadas pela luz do sol, que representaria exatamente a ideia do Bem. Em geral, no materialismo da caverna, iludidos por interesses mesquinhos, vemos as coisas iluminadas pela luz desses mesmos interesses, "lanterna" de baixa potência, que sempre se faz a mesma pergunta: "Para que isto me serve?". Além disso, sempre ilumina apenas aquilo que lhe é egoisticamente útil: "Há quem passe por um bosque e só veja lenha para a fogueira", dizia o escritor russo Liev Tolstói. Pelo contrário, quem vê as coisas iluminadas pela ideia do Bem pergunta a si próprio: "Como eu posso contribuir para esse propósito?". Enfim, o centro gravitacional de sua vida já não são os caprichos de sua tão querida personalidade, mas os princípios e valores universais aos quais serve.

"O Bem é aquilo que une", completa Platão. Ou seja, dissolve as fronteiras do egoísmo e oferece, em vez de pedir; doa, em vez de esperar contrapartida; entrega, em vez de tomar para si. Quando, numa data sagrada como o Natal, nossos pensamentos voltam-se novamente para nos aproximarmos de Deus, penso que não é demais lembrar que o Bem talvez seja seu principal atributo. E o Bem não é apenas aquilo que nos beneficia, mas aquilo que beneficia o mundo através de nós. Somos (ou devemos ser) agentes do Bem no mundo, e ele renasce nesta dimensão a cada vez que o encarnamos. Isso significa que o nascimento divino não é só um fato histórico ocorrido numa data determinada, mas também um fato mítico que se reitera a cada vez que um homem desperta, "nasce" para sua própria natureza, inspirado nesse exemplo. Oferecer-se ao Bem, para servi-lo no mundo. Eis um bom presente de Natal... para a humanidade!

> **Quem vê as coisas iluminadas pela ideia do Bem pergunta a si próprio: "Como eu posso contribuir para esse propósito?".**

EM TORNO DE QUE OU DE QUEM NÓS NOS REUNIMOS?

Na época das festas, é natural que todos se voltem à própria família e são comuns as fotos e relatos desses felizes reencontros. Este é um fator muito constante que leva à reunião das pessoas: o parentesco físico. Longe de mim questionar sua eficácia e aspecto benéfico secular, mas, como qualquer coisa no mundo manifestado, esse fator é também dual: tem seus aspectos positivos, bem conhecidos, e alguns negativos. Lembro-me de uma experiência da minha distante adolescência, quando assisti ao episódio de um pai que veio socorrer o filho jovem, envolvido em uma batida de trânsito, e que desceu do carro pronunciando uma frase que nunca deixou de ecoar na minha memória: "Seja o que for que tenha acontecido, estou a favor do meu filho!". A favor do injusto contra o justo, do errado contra o certo. Pois aquele é meu parente físico e, este último, não? Honestamente, eu preferiria ter um pai que descesse do carro e dissesse: "Seja o que for que tenha acontecido, estou a favor da justiça!". Vínculos físicos de família acima de vínculos humanos de consciência, ou seja, de valores, já geraram (e geram ainda!) desastres tamanhos na história, coisas das quais não vale a pena se lembrar e muito menos citar, para não dar cores trágicas ao meu modesto artigo.

Outros vínculos que reúnem comumente os homens são relações mais de camaradagem do que de amizade verdadeira, onde a companhia do outro é entretenimento e fonte de diversão, com o mesmo grau de importância que o copo de cerveja ou a música ambiente. Não preciso dizer o quão descartáveis são essas relações, e a pitada de crueldade que há no uso do ser humano (ainda que mútuo e consentido) como mera fonte de lazer.

Há ainda a chamada "amizade", construída na cumplicidade de histórias pessoais compartilhadas: o choro no ombro do outro pelo namoro mal resolvido, pelos problemas do casamento, pelas dificuldades em educar os filhos... O suposto "amigo" se torna o espectador de um drama pessoal de pequena relevância, banal, que provavelmente, de outra forma, passaria (e mereceria passar) desconhecido por todos. Ainda que às vezes duradoura, essa união em torno de coisas tão pouco profundas e transcendentes carece de raízes que lhe permitam dar frutos de crescimento mútuo e de verdadeiro amor, que a façam ser digna do nome "amizade".

Por fim, dentro do meu estreito conhecimento da natureza humana, vejo aqueles laços que se dão em torno de uma visão elevada, de valores, de um ideal, de uma percepção espiritual compartilhada; é um belo e nobre fator de união. Porém – e lá vem, de novo, o porém! –, essa visão, como qualquer outra, para direcionar e dar a tônica de um relacionamento, não pode ser o "flash" de um dia, um acontecimento fortuito em nossas vidas, mas algo que se repita, em ritmo cada vez mais constante e em níveis cada vez mais altos. Não andamos pelas ruas de olhos fechados, orientando-nos pela visão da calçada que tivemos dez anos atrás... Corremos o risco de bater contra a parede, defendendo o dogma de uma curva que já foi, há muito, extinta.

Quando nos unimos por uma visão fugaz, ainda que tenha sido nobre e elevada em seu momento, a relação, com o tempo, cai na mecanicidade ("piloto automático") de coisas executadas e de que já não se sabe bem o porquê. Surge um "jargão" de termos repetidos sempre com pompa e circunstância, mas cada vez menos profundos e vazios de sentido. "Nós estamos unidos em torno de uma ideia": isso é belo, mas qual era mesmo a ideia? Não vale resposta decorada...

Sem inspirações conscientes e cotidianas, a convivência cai numa banalidade e superficialidade semelhante a qualquer outra, construída em torno de coisas mais triviais, pois nada conserva seu valor quando se ausenta da cabeça e do coração. Isso acaba se assemelhando a uma solidão em uma gaiola dourada. Corremos o risco de não tolerar uns aos outros e, ao mesmo tempo, morrer de saudades uns dos outros, daquilo que fomos, daquilo que poderíamos ter sido...

Anos atrás, eu dava um quarto horário de uma aula noturna de Filosofia, num trabalho voluntário, depois de uma jornada diária de meu trabalho convencional. Começara minhas aulas às 19h, e, a última da noite, terminava às 23h. Dez minutos antes do fim da aula, com o corpo já pressionando a psique devido ao cansaço, perguntei aos alunos se havia perguntas, e um deles levantou o braço:

– Professora, se o Universo manifestado se expande infinitamente no tempo e no espaço, isso significa que a capacidade de entendê-lo se expande também, em nós, até o infinito? Evoluir seria deixar de frear a nossa capacidade de compreensão? Ignorância é uma forma de inércia, de preguiça de compreender, para não se comprometer?

Os olhos dele brilhavam e ele nem tocava o encosto da cadeira, ansioso por respostas. Era uma pequena parcela de um grande mistério, que ele havia roçado, e aquilo era vital para a forma como ele viveria a partir dali... Era muito, muito bonito. Minha garganta ficou presa por um nó de lágrimas pela constatação: somos filósofos, que belo! Cansaço? Quem estava cansado ali?

Por um minuto, lembrei-me da filósofa Hipátia, no filme *Ágora* (2009): ela vivia numa época de conflitos terríveis, levava uma vida conturbada, constantemente ameaçada. Mas apenas uma coisa a preocupava de fato: como a Terra se movimenta em torno do Sol para provocar as estações? Uma órbita circular não geraria esse efeito... Olhava para o céu e se perdia, sonhando e intuindo a órbita elíptica que, séculos depois, Kepler constataria. Convulsões sociais, vida em risco? Secundário. E ela tinha razão. De uma forma ou de outra, todos os que ali viviam, e muitas gerações depois, já foram há muito tempo tragados pela morte; a elipse da Terra em torno do Sol, grande mistério, ainda está aí, renovando a vida do planeta e recolhendo-a, ciclicamente.

Guardadas as devidas proporções, eu me sentia um pouco assim, naquele dia, em frente ao meu aluno: dia cansativo, hora avançada? Estávamos roçando, ambos, a mais ínfima barra dos mistérios da consciência humana! Era a primeira hora, luminosa e pura, da manhã, não importa o que os relógios dissessem... Os relógios mentem muito.

Lembrei-me da história do Patinho Feio, que só se reconhece como cisne quando encontra outro igual a ele. É um momento sagrado de nascimento e/ou confirmação de nossa identidade, esse encontro de alma. Algo luminoso e belo nasce: é Natal.

Dizem que as famílias se reúnem quando é Natal. Penso que é o contrário. Sempre é Natal quando as famílias, no seu sentido mais espiritual, se reúnem. Esse fator de união reforça nossa identidade, relembra a conformidade com a Lei Divina que vive em nós. Dá segurança, serenidade, paz... Felicidade.

Quem viveu isso, um dia, deveria alimentar essa chama a todo o tempo: "Não deixe que se apague a Chama...", dizia o clássico egípcio *O Caibalion*. A companhia física não supre a sede de companhia da alma. Em torno do Fogo, somos sempre uma família reunida, e é sempre Natal.

Eu me chamo Lúcia, sou uma Filósofa. Esse é meu sobrenome, nome de família. Qual é seu sobrenome? Será que não somos da mesma família? Que tal compartilhar seu Natal comigo?

Nada conserva seu valor quando se ausenta da cabeça e do coração.

CUMPLICIDADE

Flagrei, numa manhã, a intimidade do abrir de uma rosa. É o momento em que ela começa a dobrar suas pétalas para trás, expondo e entregando completamente seu coração amarelo-fogo. Perceba que, seja qual for sua cor, uma rosa sempre tem um coração de fogo.

Nem sempre elas o fazem assim. Às vezes, murcham ainda em botão. Sempre que isso acontece, eu me sinto um pouco culpada. Será que não cortei direito o caule? Muito calor, muito sol? O astral do ambiente não estava dos melhores e ela preferiu preservar seu coração? Tive ou não "culpa no cartório", afinal?

Mas, quando ela desabrocha, também compartilho da glória deste momento: uma rosa nunca dá seu coração se nós não damos primeiro o nosso, se não pressente que o nosso também é um coração que oculta um pequeno sol, ou se não lhe parece que seu grandioso e delicado ato de entrega vai ser notado e aprendido.

Quando passo por rosas e as vejo assim, esplêndidas e atrevidamente entregues, sou sempre grata. Sempre presto atenção nos detalhes. Como é mesmo que se deve fazer? Dobrar nossas pétalas para trás, como um cone, e projetar nosso coração para fora e para cima? Fazê-lo arrojadamente, sem medo da morte e da dissolução?

Dessa forma, talvez as pétalas murchem e caiam mais rápido, mas seu momento de plenitude compensa todos os riscos. Para que durar sem Ser? Antes que eu me vá, como todos os humanos, que vêm e vão e nem sempre desabrocham, flores instáveis e aflitas, eu queria te contar um segredo, minha rosa, que um cravo me contou há muito tempo. Sei que você deve conhecê-lo tanto quanto eu, ou até mais.

Neste momento, uma manhã luminosa, parece que feita só para vermos e conversarmos com as rosas, nós duas, equilibradas sobre nossos frágeis caules, frente a frente, eu e você, não somos duas, de fato, mas uma só.

Somos postos de resistência da Unidade buscando seu espaço no mundo do múltiplo, lutando contra a ilusão do tempo, contra o egoísmo e a dissolução. Contra o tempo banal que corrói nossa identidade e bloqueia nosso coração. Somos duas frentes de combate...de uma mesma batalha, de uma mesma e única Força real contra muitas sombras poderosas. Eu e você... mais fortes, daqui para frente, graças a este momento único e eterno de cumplicidade, entre céus e terra, entre homens e rosas.

Uma rosa nunca dá seu coração se nós não damos primeiro o nosso.

PETER PAN

Conheci, por esses dias, a pequena animação de Aidan Gibbons intitulada *O Piano*, muito bonita e digna de se ver, conforme as incontáveis curtidas e compartilhamentos via internet comprovam.

Porém, o que me chamou a atenção nessa animação, que coincide com o que já vinha pensando nos últimos tempos, foi a necessidade de criarmos um novo significado para a chamada "síndrome de Peter Pan", maneira como alguns psicoterapeutas pelo mundo afora intitulam o comportamento daqueles imaturos contumazes que se negam a crescer. Acho que há um fenômeno menos patológico e mais belo que atinge pessoas maduras que mereceria receber um nome parecido. Não seria uma síndrome, mas talvez um "ciclo de Peter Pan", fase essa em que necessitamos mais que urgentemente encontrar uma "terra do nunca", um lugar além do tempo que redima a vida da arbitrariedade e que dê uma ordem e um sentido a toda a experiência que o tempo nos deu e, depois, tentou tomar de nós. Esse "fio condutor", chamado pelos hindus de "sutratma", é muito bem representado, no vídeo, pela belíssima música ao piano, que conduz a breve narrativa sem palavras até a junção das duas pontas da vida, como uma síntese circular, ao final.

É como se nós, os que estamos no "ciclo de Peter Pan", estivéssemos tentando não perder nossa sombra-memória no mundo e pedindo ajuda a uma Wendy-consciência para costurá-la a nós, de maneira que não rompa mais. Esse Peter Pan, espiritual e atemporal, unido à Wendy, uma consciência que cresceu ao longo da vida, agora nos ajuda a entender e resgatar nossa sombra.

Sem saber tocar piano como acompanhamento (o que seria de uma ajuda fantástica!), eu tenho, em minhas reflexões, andado também pela terra do nunca; às vezes, no meio da rua, no meio do trânsito, eu me vejo simultaneamente no tempo e fora dele. O rosto das pessoas, suas expressões, seus sons, os sons do mundo, tudo toma um sentido, como uma sinfonia. Tudo me soa como um grande apelo, uma espécie de lamento de solidão, uma imensa saudade de si mesmo, uma imensa sede de sentido. Todas as buscas, todas as direções, como a busca inconsciente de uma mesma direção: identidade, pertencimento, sentido.

Lembro-me de um momento da minha infância, brincando com os tijolinhos do "jogo do construtor", com o qual fazia casinhas. Com o tempo, fui perdendo as peças do jogo e tendo que fazer construções cada vez mais simples, com os tijolos que ainda estavam disponíveis. É como se hoje me restasse apenas um tijolinho e, nele, tivesse que concentrar a experiência de todas as formas que ergui e desmontei.

O que há em comum entre as receitas guardadas da avó, os desenhos dos filhos, a corrida nas ruas debaixo de chuva ao lado de quem se ama, as mãos bem apertadas, os abraços bem dados, as lágrimas, os medos, as ousadias? E os sonhos que fizeram voar, que nem pó de *pirlimpimpim*? E as dúvidas e egoísmos "piratas" que invadiram nossos territórios mais sagrados e nos imobilizaram com seus "ganchos"? Chega um momento em que tudo de que lembramos em nossa vida faz tanto sentido quanto se fossem os passos de uma coreografia: para frente, para trás, girar de novo... nada poderia faltar. Na verdade, todos esses movimentos buscavam o centro do salão, o centro da circunferência da vida, o centro de nós mesmos... O sentido.

Dizem que Einstein teria falado, alguma vez: "Eu queria entender os pensamentos de Deus...". Sim, se ele disse isso, com certeza Einstein também vivia o ciclo de Peter Pan. Eu, que estou longe de ser tão boa pensadora, queria entender pelo menos os movimentos de Deus, ou melhor, a sombra deles na minha vida. Queria acertar o passo, enfim, para chamá-lo ao palco e bailar com Ele. Percebo agora que tudo que fiz e deixei de fazer foi, no fundo, apenas e nada mais do que uma tentativa de acertar esse passo.

— Danço melhor agora? Piso menos no Seu pé? — perguntaria. E Ele e eu riríamos, dando voltas pelo salão, porque, afinal de contas isso não tem tanta importância. O que vale de fato, eu penso, o que vai realmente ter importância e definir a vida vai ser o quanto essa Wendy-consciência cresceu, para que possa se aproximar de fininho, com linha, agulha e dedal, e cumprir a grande missão: costurar de novo esse grande Peter Pan à sua pequena sombra, que sou eu.

Eu queria entender pelo menos os movimentos de Deus, ou melhor, a sombra deles na minha vida.

QUAIS SÃO AS NOSSAS OBRAS?

Uma das frases que cito reiteradamente em aulas e palestras é esta passagem bíblica: "Assim, pois, pelos seus frutos os conhecereis." (BÍBLIA, N.T. Mateus, 7:20. In: *Bíblia Sagrada: Almeida Revista e Atualizada*. Trad. João Ferreira de Almeida. Barueri: Sociedade Bíblica do Brasil, 1993), por sua clareza em expressar um caminho simples de autoconhecimento através de nossa conduta moral.

Porém, como tudo num mundo dual está sujeito a erros de interpretação, ontem, graças à colocação de um aluno de Filosofia, fui levada a questionar minha compreensão dessa máxima.

O aluno em questão, no meio de uma pergunta, deixou escapar a seguinte expressão: "Me refiro àqueles de desenvolvimento moral inferior, como os assassinos...". De repente, me veio um sonoro "click" e algo me pareceu meio inconsistente e até ingênuo em nossa visão de mundo.

Há tanto tempo, como insistente aspirante a filósofa, venho buscando praticar o "Conhece-te a ti mesmo", frase do pórtico do templo grego de Delfos, e penso ser essa uma busca mais que legítima e bem-intencionada. Mas ocorre que, no fundo, somos um pouco como aqueles cachorrinhos do interior, que correm atrás da roda do carro e não sabem o que fazer com ela quando o carro para.

Quando, depois de tanto procurar, finalmente vemos algo em nós, quando algum poder latente aflora, ele é Poder, força bruta a ser lapidada, e tende a nos assustar. Aí vem a descoberta óbvia, mas agora, prática: o "Conhece-te a ti mesmo" deve ser completado pelo "Domina-te a ti mesmo". São leões que emergem em nós, que não o fazem porque cometemos erros, mas simplesmente porque... os procuramos! Esses podem ser uma potência de tração arrasadora, ou... loucura e morte. Não posso deixar de lembrar da deusa frígia Cibele, seu carro conduzido por leões domados e o fato de ela ter devolvido a lucidez a Dionísio, deus grego, filho de uma mortal, que se torna capaz de derrotar titãs.

Não sei se me expresso bem. É como um homem que não experimentou ter nada. Em geral, ele nada ambiciona. Se, tendo uma bicicleta, que facilita em muito a vida, vê passar por ele alguém com um veloz e confortável carro modelo esportivo e começa a ter esse sonho material como o único que conhece, expressando apenas tais desejos, pode ou se mobilizar para conquistar esses bens, ou, por fragilidade moral, culpar e odiar a quem os tem, e querer tomá-los para si à força...

Um dia, nossos desejos e ambições passam para o plano psíquico: provo de sonhos de valor e honra, dos ideais humanos em geral, e anseio por construí-los como algo permanente e concreto. Ao caminhar para construí-los, chegará o dia em que, de tanto querer vê-los, perceberei que esse ideal, fora do plano das ideias, é feito de homens e, portanto, falho e incompleto, em mim e nos outros. Posso lutar para torná-lo forte em mim mesmo, ou... condenar os outros por traírem meus sonhos. É uma dor que pode conduzir à decepção, à revolta e à violência.

Imagino ainda, mais adiante, um dia em que teremos ardentes necessidades espirituais: "provaremos" de Deus e sairemos buscando por Ele em todos os lugares. Ao não o encontrar de forma completa e absoluta em lugar nenhum, mas só "pitadas" misturadas a outras coisas, talvez venham os leões... Acusaremos deus e o mundo por poluir Deus antes de purificá-lo em nós. Mas isso é futuro, pois nossa capacidade de "provar de Deus" para depois desejá-lo ardentemente ainda é escassa e temos mais teorias a respeito que quaisquer outras coisas.

Uma coisa é certa: se caminho, na trajetória humana natural de buscar aquilo pelo qual anseio, um dia, despertarão os leões... o que farei com eles? Talvez sejam essas obras através das quais "alguém" nos conhecerá: domaremos nossos leões ou traremos mais feras selvagens ao mundo? Obras materiais, há muitas, e pouca diferença fazem em relação ao drama humano. Essa é a obra essencial que definirá nossa vida.

Perceba, os impotentes e débeis não têm leões, mas isso não é virtude! No nosso medo do poder, achamos que fugir dele é seguro, pois "o poder corrompe", mas poder é vida! É poder ser e poder construir... ou destruir e arrasar. O máximo símbolo de poder é Deus, o Grande Poder Domado por Si Mesmo, a serviço dos Cosmos, da Vida, da Harmonia... Nosso Pai e exemplo.

Sim, o poder descontrolado é meio "demoníaco", mas a impotência é morte permanente. "Conhece-te a ti mesmo", "Domina-te a ti mesmo" e "Assim, pois, pelos seus frutos os conhecereis". Talvez, assim concatenadas, essas três máximas desvelem uma parte do mistério do ser humano. Mas cuidado! Que não sejamos nós, no alto de uma comodista e segura impotência, a condenar aqueles que foram devorados por seus leões. Eles simplesmente tentaram e foram derrotados... terão outras chances. Qual será nosso prognóstico, quando resolvermos levantar de nossa cômoda posição de "juízes do mundo" e ir atrás de nossos próprios leões? Em que eles podem nos transformar, se não forem domados? Ou pensamos que todos os que mataram e destruíram, no mundo... queriam apenas carros esportivos? Dizia minha simples, mas sábia avó: "Quanto mais alto o tronco, maior a queda". É sempre bom lembrar que ingenuidade não é pureza e sim arrogante inexperiência. Que Cibele nos devolva a lucidez e nos dê, talvez, uma boa dose de humildade e de "pulso" para conduzir leões...

> Quando algum poder latente aflora, ele é Poder, força bruta a ser lapidada, e tende a nos assustar. Aí vem a descoberta óbvia, mas agora, prática: o "Conhece-te a ti mesmo" deve ser completado pelo "Domina-te a ti mesmo".

COMO MASSINHA DE MODELAR...

Ninguém se esqueceu, penso, das massinhas de modelar com que brincávamos na infância. Alguns, como eu, se reduziam a fazer bolinhas coloridas, mas os mais habilidosos chegavam a pequenas esculturas muito graciosas. Que bons momentos foram passados ao lado desse brinquedo.

Também chega a ser bem óbvio que continuamos, em outras fases da vida, "modelando" outras "massinhas", às vezes bem mais sutis, como pensamentos e sentimentos, nossos e alheios, até as substâncias mais concretas, como palavras e atos. Também poderíamos medir a nossa habilidade para lidar com essas substâncias pela galeria de "produtos" que vamos deixando para trás, dentro e fora dos outros e de nós. Isso constitui nossa história, nossa memória, a síntese do que deixamos registrado na vida.

Lindas manhãs de sol são ótimas para nos chamar a atenção para pequenas belezas desapercebidas, como pássaros, flores etc. São comuns os textos idílicos sobre essas coisas. O que gostaria de questionar é se elas e todas as demais coisas, enfim, em todos os planos, também não são o rastro de alguém, que deixou registrado, para todos os lados, a própria história. Será que existiriam as coisas sem que nada tivesse passado e deixado marcas nessa amorfa "massinha de modelar" primordial?

Lembro-me da conhecida passagem bíblica: "Assim, pois, pelos seus frutos os conhecereis". Se pretendemos, como é natural que todo ser humano pretenda e até anseie, conhecer a identidade e a intenção do autor ou dos autores da vida, não seria interessante nos debruçarmos feito investigadores e com um "faro" simbólico sobre essas pegadas? O que seria a memória do universo, chamada pelos indianos de "akasha", senão o mapa com o registro de todas essas inúmeras pegadas? Observando-as, não podemos presumir, dessa trajetória, sua provável origem e seu destino? Não é importante indagar-se sobre isso?

Dizem que um antigo filósofo grego, Diógenes, se recusava a ler livros, pois o sábio lê diretamente na natureza, que nada esconde nem distorce. A nossa própria natureza interna deve estar repleta de pegadas, às vezes, lineares, às vezes, em círculos. Todas elas, mensagens não lidas e não entendidas, estão sujeitas a serem repetidas indefinidamente.

Nunca tivemos tantos meios de comunicação, mas... o que temos comunicado uns aos outros? Ou a nós mesmos? Comunicação não depende apenas de meios, mas de se ter algo a dizer, algo de profundo e válido. Como diz o clássico budista Dhammapada: "Mais do que mil palavras sem sentido, vale uma única palavra que traga consolo a quem a ouve". Já dissemos essa palavra, a nossa palavra, que dará sentido à nossa vida?

Diz um mito que o exército grego teve uma improvável vitória contra os persas na batalha de Maratona. Já estava tudo combinado: se os persas fossem vitoriosos, os atenienses queimariam e abandonariam a cidade, para que ela não fosse profanada. Após a vitória, o mensageiro Fidípides teria que percorrer 42 quilômetros até Atenas o mais rápido possível, a fim de evitar que fosse destruída por seus próprios moradores. Ele tinha que levar a boa-nova.

Tudo dependia dele. E ele o fez: dosou muito bem seu fôlego, de tal forma que, ao chegar a Atenas, disse a única palavra possível e necessária: "Vencemos!". E tombou exausto.

Todos temos pelo menos uma palavra a dizer, nossa palavra, que tem de ser pronunciada antes de "tombarmos" exaustos. Se não a dissermos, provavelmente coisas tão belas quanto Atenas serão perdidas. Cada ser humano tem o seu recado, único e irrepetível, para dar ao mundo. Meça seu fôlego e procure o imprescindível, a especial notícia, legível em algum lugar, dentro e/ou fora de nós, acessível àqueles que refletem e buscam sua vida interior. Nada mal lembrar, de vez em quando, de Fidípides, o herói que soube fugir à superficialidade, mergulhar na vida, conquistar sua palavra sagrada, entregá-la ao mundo e... descansar em paz.

Voltemos à lição da criança e aprendamos, com olhos puros e visão profunda, a moldar nossas massinhas, dar nosso recado e, assim, construir Atenas e conservá-la. Os homens, desde sempre, fizeram história dessa maneira.

> Comunicação não depende apenas de meios, mas de se ter algo a dizer, algo de profundo e válido.

UM DIA, HÁ SESSENTA ANOS...

Um dia, um jovem se surpreendeu com o conhecimento de homens do passado, guardado em antigos livros, hoje quase esquecidos por uma civilização que pensa que só o novo tem algum valor... Esse rapaz, com o espírito de aventura próprio dos jovens, sonhou com homens como Sócrates, Platão, Aristóteles e tantos outros, vivendo em nossos dias, caminhando atentamente pelos caminhos atuais, buscando saídas para os enigmas de sempre... buscando respostas para a vida, testando-as em suas próprias vidas e ensinando através do exemplo. Homens nobres, inspiradores, cujo exemplo pudesse ser cada vez mais um contundente chamado para uma forma mais humana de viver... O rapaz sentiu a força desse chamado ressoar através de páginas escritas há mais de dois mil anos, sentiu como ainda eram presentes e verdadeiros e quis mostrar isso ao mundo.

Esse jovem, Jorge Ángel Livraga, fundou uma pequena escola de filosofia prática, de filosofia como arte de viver, chamada Nova Acrópole. Com seus antigos livros, grandes expectativas e escassos recursos, começou a ensinar, exemplificar, praticar e passar adiante esse velho sonho. Mais do que ele mesmo ousou sonhar, os homens responderam a esse convite, que não vem do passado, vem desde sempre. Em todos os tempos, essa chamada da condição humana, querendo se realizar e se expressar, em sua plenitude, não cessa de pressionar, a partir de dentro. Ou seja, desde que o homem é homem, o homem sonha em ser Homem, e esse é o mais belo sonho que se pode ter e compartilhar.

Lá se vão sessenta anos... A vida biológica daquele jovem sonhador já concluiu seu ciclo, embora sem conseguir arrebatar, em nenhum momento, sua enorme capacidade de criar e concretizar sonhos. E Nova Acrópole completa 60 anos... o que significam 60 anos de vida de uma escola cujo produto é Vida, na sua melhor expressão? Significa pedagogia, em seu sentido original, como *paidós* e *agein*, isto é, a arte de "conduzir crianças" para que se tornem adultos em todos os planos, responsáveis consigo mesmos e com a Humanidade; comprometidos em minimizar algo do sofrimento humano; buscadores da ideia do Bem para praticá-lo de forma cada vez mais eficiente e inteligente; inspirados pela honra, generosidade e beleza... poderosos inimigos do egoísmo, em todas suas múltiplas manifestações.

Esse é o produto gerado por Nova Acrópole... Há lugar para ele, no "mercado"? Se você acha que sim, bata palmas conosco em homenagem a essa aniversariante. Há quem diga que bater palmas, no teatro grego, era uma forma da plateia invocar os espíritos protetores das artes. A arte de viver, que é a Filosofia, tem um poderoso protetor (e protegido): o espírito humano. Ele merece as suas palmas!

> Ou seja, desde que o homem é homem, o homem sonha em ser Homem, e esse é o mais belo sonho que se pode ter e compartilhar.

A HÉSTIA

"Então, o que dirias ter em mente aquele que deu a Héstia o seu nome? (...) Algumas pessoas chamam-na de εδδια (*essia*) (...) é razoável que a essência das coisas seja chamada de Héstia. (...) Ademais, se o consideras em conexão com os sacrifícios, concluirás que aqueles que os estabeleceram entendiam o nome de Héstia dessa maneira; de fato, os que chamavam a essência das coisas de εδδια (*essia*), naturalmente sacrificavam a Héstia antes de sacrificar a todos os deuses."

(Platão, *Crátilo*, 401, b, c e d.)

Lendo o *Crátilo*, diálogo platônico que trata da origem das palavras, encontrei essa interessante definição do nome da deusa Héstia: *esse*, ser, essência, centro em torno do qual tudo se inicia e todas as consagrações são feitas.

Lembrei-me de que, em Roma, Héstia é Vesta, deusa que presidia, a partir do centro, a cidade e os lares, com seu Fogo Sagrado. De fato, essas civilizações guardavam a ideia de um centro-coração em torno do qual as coisas eram erguidas, e onde tudo reencontrava sua identidade e sentido original. Este centro/essência é, curiosamente – mas não surpreendentemente! – o lugar sagrado das civilizações, onde se guarda sua identidade e seus propósitos. Em todos os planos, o centro é sempre fator de coesão e de identidade.

O que me parece curioso é que Héstia, essência, tem como atributo fundamental o Fogo: esse fogo sutil e invisível, que em tudo penetra, em torno do qual o mundo nasce e se expande. Local de memória, de sacro ofício, de sacralização. Luminoso, vertical, transmutador, o Fogo da essência humana, o Centro da Vida. Custodiando esse Fogo é que viviam as Vestais, puras e nobres, grandes guardiãs do espírito romano. É a história imitando a natureza, com seu Sol central.

Era a essa essência espiritual a que todas as tradições se referiam? O que seria, então, nosso materialista e utilitário mundo atual? Um espaço sem centro? Sem um ponto de união... movimentar-se de onde e para onde, se já não há mais Héstia, essência a que sacrificaremos, em primeiro lugar?

Quando nos defrontamos com vícios e alienações, corrupção e violência, vulgaridade e animalidade, costumamos dizer: tempos obscuros... De onde esperamos que venha a luz? Onde procurá-la, senão dentro e acima? Cultuar o fogo sagrado parece significar o erguer-se acima da mera matéria, colocar-se de pé sobre o mundo, lúcido (do latim *lux*, luz), iluminado por uma essência humana que busca viver com valores, mais do que apenas sobreviver.

Que Héstia, como a Fênix, possa renascer de suas cinzas, sinalizando um centro para nossas órbitas, trazendo de volta algo de luz. Assim se construiu tudo o que foi grande, no passado.... Nosso passado humano... nossa herança.

> Quando nos defrontamos com vícios e alienações, corrupção e violência, vulgaridade e animalidade, costumamos dizer: tempos obscuros... De onde esperamos que venha a luz?

SOBRE O BEM E SOBRE A SEDE

Alguém, esses dias, referindo-se a seus pais já falecidos, dizia: "Sinto não ter sido boa o suficiente para eles!". Como filósofos costumam não deixar de ouvir o que uma palavra solta no ar tem a dizer, antes que ele a dissipe, muitas coisas nasceram em mim a partir dessa afirmação: em que consistiria ser bom o suficiente? O que é o "bem suficiente"? Aliás, suficiente para quê? Para quem?

Platão colocava a ideia do Bem no mais alto patamar, como atributo por excelência que inspira todos os seres à evolução. A planta que está à minha frente, exibindo suas sementes recém-nascidas em seus ramos, deve ser boa o suficiente para o que a natureza espera de uma planta: fazer fotossíntese, fazer trocas gasosas com o meio, sustentar a cadeia alimentar. O inseto que anda pelas folhas dessa planta, lutando para sobreviver e procriar, é bom o suficiente para o que ele é, um inseto. Deve haver um bem suficiente para um ser humano, não para atender a algo ou alguém em particular, mas para ser digno daquilo que a natureza espera dele: humanidade. E, se ele tem esse "bem suficiente", creio que deve manifestá-lo em todos os seus atos e suas relações. Senão ele oscilaria, sendo e deixando de ser humano ocasionalmente, o que seria, no mínimo, imprevisível e estranho. Como eleger quais circunstâncias seriam dignas do nosso Bem? Os dignos não deveríamos ser nós, essa não deveria ser uma característica da nossa própria condição humana, e não das circunstâncias?

Então, ser bom o suficiente para com os pais e para com tudo o mais consistiria em ser humano o suficiente, sempre. Imagino o universo como um Grande Lago, no qual todos os seres enchem seus copos: o Lago do Bem. A bondade do Lago como um todo não deve ser diferente daquela que tenho em meu copinho. Apenas me diferencio porque possuo só um pequeno copinho.

Para ter mais bondade, talvez eu precisasse, então, aumentar este copo-consciência para caber mais água nele. Se estou sedenta ou deixo de atender à sede de alguém à minha volta, devo saber que meu pequeno copo já não é suficiente. Então, toda sede do mundo poderia ser só duas coisas: angústia pelo pequeno copo que tenho, ou estímulo para o copo maior que posso e devo construir.

Aquele defeito que dói e amarga minha vida, ano após ano, por exemplo, nada mais é do que a secura daquela gota a mais de Bem que ainda não pude conquistar. Não é terra má, é terra árida, somente. Imagino todas as coisas belas que li e presenciei, pela vida, como minha mão traçando suaves movimentos nas águas deste lago e, depois, vendo as gotas caírem uma a uma das pontas dos dedos, sem poder retê-las. Um dia certamente terei essa gota a mais, mas minha sede sempre será maior que meu copo e isso me levará a expandir cada vez mais, até que nada menos do que todo o lago seja o suficiente. Com certeza, a água que me falta na minha garganta e que ocasionalmente sobra em meus olhos é um chamado para Deus. Assim, ela já não me parece triste, mas necessária.

Senhor dos Lagos e das águas do céu e da terra, que a minha sede seja suficiente para que as minhas mãos trabalhem o novo copo, enquanto meus sonhos transbordam por suas bordas, águas de sonho, sempre maiores do que o copo que tenho, sempre rastreando a infinitude, sem limites, sem cansaço, sem desesperança...

> Ser bom o suficiente para com os pais e para com tudo o mais consistiria em ser humano o suficiente, sempre.

APRENDENDO POLÍTICA COM PLATÃO

Um dos mais conhecidos mitos do filósofo Platão, depois, evidentemente, do muito comentado "mito da caverna", é o do pastor de ovelhas da região da Lídia, de nome Giges, conhecido em suas terras por sua honestidade e moral "inatacáveis". Porém, esse mesmo pastor, ao encontrar, nos pastos, um anel que tinha o poder de torná-lo invisível, deixou que sua "moral", que não passava de fachada para construir uma reputação, fosse inteiramente por terra, praticando todo tipo de tramoias e falsidades.

Não vou aqui repetir a questão clássica, que se coloca sempre que alguém conta essa história para outro: "O que você faria se tivesse o anel de Giges em sua mão?". Se for do interesse do leitor, que repita, reservadamente, para si mesmo essa delicada e antiga pergunta, preparado para confrontar as nem sempre fáceis respostas. Da minha parte, gostaria de prosseguir com o argumento platônico, pois o que vem depois é de igual importância e interesse.

Platão faz um novo questionamento, na sequência dessa ideia: e se Giges, ao usar seu anel de invisibilidade, permanecesse tão honesto quanto o era quando ainda visível e os demais cidadãos viessem a saber disso? O que diriam? Segundo o filósofo, o comentário geral seria elogioso, pois todos temeriam ser vítimas desse inusitado "dom" de Giges, mas, ocultamente, de si para consigo, muitos diriam: "Que estúpido! Como desperdiça uma oportunidade dessas? Ah, se fosse comigo seria diferente!". Em suma, ele conclui: as pessoas, na sua maioria, não amam a conduta justa, a justiça em si. Estabelecem uma espécie de "pacto social" em torno dela para não terem seus interesses prejudicados: "Eu não leso os seus direitos e você não lesa os meus". Mas, se houvesse uma forma de fazê-lo com a garantia da impunidade... Que ingênuo o Giges!

Assim, nossa ética seria de coerção e não de convicção, pois, sem amor à justiça, não há princípios, aquilo que fazemos por amor e respeito inclusive a nós mesmos, e não apenas pela opinião do meio. Desde a infância, recebemos ameaças e prêmios para cumprirmos nossas obrigações mais triviais e básicas: se não obedecer, Papai do Céu castiga; se não comer a salada, Papai Noel não traz presente; se não estudar, vai perder sua mesada... Quantos acabam, por fim, amando a obediência, a salada, o estudo? Ou apenas se ama o que se pode obter através deles? E se pudermos contornar esses "contratempos" e ir direto aos nossos interesses? Quantos não o aceitariam?

Lamento concluir dessa forma, mas somos obrigados a concordar que, sem desenvolver um verdadeiro amor pela condição humana e os valores que a caracterizam, estamos adestrando e não educando. É uma ética superficial e vulnerável, que não resiste a situações de exceção. E os campos do mundo estão lotados de "anéis de Giges" que podem ser encontrados, muitas vezes, por líderes nem sempre muito leais ou atentos ao bem de seu "rebanho". De uma forma ou de outra, os homens sempre despendem suas vidas correndo atrás daquilo que amam, e o amor aos valores humanos, se real, dispensa uma vigilância perpétua (e ineficaz) sobre o comportamento alheio, sobretudo daqueles que lideram. Desperte a consciência humana, ela será um vigilante implacável e incessante, vigiando desde dentro, de um ponto onde nada se pode omitir.

Mas se isso parece utopia, continuemos "educando" apenas para despertar habilidades, sem saber a que ou a quem elas servirão depois. Se forem empregadas na direção errada... punimos! Só tomando cuidado para verificar se, em alguma altura, quem pune não se torna aliado de quem erra, pois, quando não há em nós a grande referência ante a qual todas as coisas podem ser avaliadas como certas ou erradas, que são os valores humanos atemporais, aqueles que nos conferem a dignidade humana... como poderemos julgar?

> Sem desenvolver um verdadeiro amor pela condição humana e os valores que a caracterizam, estamos adestrando e não educando.

MAIS UM SONHO...

Mais uma "movimentada" noite, em que um sonho persistente me acompanhou até quase o despertar. Um sonho ambientado em uma situação aparentemente banal, como sempre: eu arrumava a casa e o vizinho cantava alto um samba-enredo. E, como todo mau cantor, enrolava a língua na letra, que parecia não conhecer bem, e gritava a plenos pulmões o refrão: "Acredito ser o mais valente nessa luta do rochedo com o mar...".

Lembro que eu ainda resmungava comigo mesma sobre o fato de que havia me mudado para uma casa exatamente para ter silêncio, mas havia arrumado um vizinho passista de escola de samba e mau cantor, mas com ótimo fôlego, virtude esta que, mal-empregada, me torturava. Lá pelas tantas, já "entregando os pontos", eu teria pensado: "Esse refrão deve ser muito significativo para ele, pois o canta com bastante 'emoção'...". Devo ter tentado, por uns segundos, entender o que significava, mas acabei voltando minha atenção para o trabalho de bater uma almofada, que levantava uma névoa de pó diante de mim.

Mas uma pergunta amanheceu comigo e ainda não me deixou até agora. Quem é o mais forte ou o mais valente dos dois, o rochedo ou o mar? Acho que nenhum, ou os dois, pois, no curto prazo, vence o rochedo e, no longo, a água, como reza o ditado popular: "Água mole em pedra dura...". Mas esse tempo, curto ou longo, com o macio e o resistente, o claro e o escuro, o alto e o baixo etc., faz parte de um jogo de dualidades da vida que tem muito pouco de real, embora aparente o contrário.

Depois de muito "matutar", só ainda agora é que, com esse refrão rodando direto na *hit parade* da minha mente, percebi que a própria letra da música trazia a resposta para a questão: quem é o mais valente? Eu! Eu acredito ser o mais valente! Claro! Faz todo sentido. Agora, neste mesmo momento, assim como em toda a minha vida, as dualidades se batem dentro de mim: ânimo e apatia, raiva e alegria, revolta e aceitação, perdão e ressentimento e muitas outras. Batem e se machucam, e me machucam, mas eu prossigo. Tenho prosseguido valentemente por toda a vida.

Mas quem é esse "Eu", tão valente, acima das dualidades? Sempre digo aos meus alunos para imaginarem uma estátua em uma mesa de quatro pernas, mas presa ao teto por um espesso fio de náilon amarrado a um daqueles ganchos de pendurar samambaias. Posso cortar as quatro pernas da mesa, mas a estátua permanecerá de pé, pois ela não depende da mesa, apenas roça sua superfície: seu ponto de apoio está acima.

A vida, muitas vezes, "corta as pernas" de nossa mesa. Perda de emprego, término do relacionamento, problemas financeiros, traição de alguém que amávamos... Como ficamos de pé? Uma voz suave dentro de mim parece me soprar que há algo meu em outro degrau da escada, acima deste, e me convida a subir. É como quando duas crianças brigam por um ursinho. Basta algo simples para conciliar a situação: não desejar mais o ursinho faz com que uma delas saia da briga. Há coisas bem mais nobres e serenas no degrau seguinte, próprias de uma consciência madura, que podemos e devemos desejar, antes que chegue este sonhado dia em que superaremos todos os desejos. O *Caibalion* egípcio chama isso de "princípio da neutralização": neutralizar desejos de um patamar exercitando desejos de outro, e assim sucessivamente até o topo da escada.

Eu desejo que os seres humanos sofram menos; desejo mesmo, ardentemente. Desejo que nem eu mesma nem ninguém sejamos cruéis, pois é como derreter chumbo, derramar na nossa alma e arrastá-la pela vida afora assim, ferida e pesada. Desejo que meu carma seja tão bom que eu esteja passando com o copo d'água quando a flor estiver secando e, que seja assim, com todas as flores, de todos os tipos. Desejo tão fortemente que dói meu coração. Isso me faz mais valente do que o rochedo e do que o mar, que pararão de bater um dia. Meu sonho é eterno.

Um mestre chamado Michel Echenique me disse, uma vez, tempos atrás: "Há algo em nós que é como a geografia terrestre: tem cumes e vales, sobe e desce. Mas há algo que é como o sol, elevado e luminoso, que observa tudo, sereno, desde cima. Vire sol sempre que puder e o relevo será menos sofrido".

Certo, mestre, eu me lembro e acredito. Creio ser a mais valente nessa luta do rochedo com o mar. E prossigo, tentando ser Sol, tentando trazer calor e vida, tentando iluminar. Mais uma vez, eu mais que acredito, eu sei que assim é e assim será.

> Há coisas bem mais nobres e serenas no degrau seguinte, próprias de uma consciência madura, que podemos e devemos desejar, antes que chegue este sonhado dia em que superaremos todos os desejos.

ALGUNS EXEMPLOS DE HOMENS E HOMENS...

"Não é fora de nós que devemos procurar a divindade, pois que ela está do nosso lado, ou melhor, em nosso foro interior, mais intimamente em nós do que estamos em nós mesmos."
(Giordano Bruno,

A ceia de cinzas).

Em 27 de janeiro, nasceu Mozart, o compositor; em 17 de fevereiro, morreu Giordano Bruno, o filósofo. Do primeiro, pouco se precisa falar, todos lembram do prodígio que, aos cinco anos de idade, compunha e oferecia concertos, ao piano. Nem todos lembram, porém, do segundo, filósofo condenado à fogueira por heresia e executado em 1600 por afirmar, entre outras coisas, a existência de infinitos mundos, alguns possivelmente habitados, como o nosso, e a eternidade da Alma do Mundo, que se renova ciclicamente, tomando corpo em todos os seres. Ambos dignos de um espaço nobre na admiração e na memória dos homens.

Mas gostaria de enlaçar a ambos de uma forma curiosa e inusitada: falando a respeito de um personagem de Mozart, em sua mais famosa ópera, intitulada *A Flauta Mágica*. Bem resumidamente, a simbólica obra fala de um príncipe, nobre e virtuoso, Tamino, que busca conquistar sua alma humana, representada pela princesa Pamina, e o faz após passar por difíceis provas, conduzidas pelo sacerdote Sarastro. Em grande parte de sua jornada, o herói é acompanhado por um humorístico personagem, Papageno, caçador de pássaros que em nada se interessa pela busca da sabedoria ou de mistérios; quer apenas uma jovem por quem sem apaixonar e com quem gerar muitos pequenos "papagenos", alegremente. Os Três Espíritos que contracenam com ele o avisam: "Tens apenas esta vida!". Isso pouco importa a Papageno, que nada sabe ou quer saber de eternidade, mas apenas dos suaves prazeres de sobreviver bem agora.

Papageno é inocente, engraçado e traz um lado leve à obra; apoia o príncipe quando pode e, depois, segue sua vida. Mas o que Mozart não explicitou, nesta peça, é que há diferentes tipos de "papageno". Há aqueles que não suportam a existência de príncipes sobre a terra, pois isso expõe sua pequenez e mediocridade. Há aqueles que não toleram a ideia de nobreza, pois pretendem ostentar méritos, verdades e direitos, e a simples existência de homens bons e comprometidos com a bondade, beleza e justiça seria, para eles, uma ameaça.

Assim, há "papagenos mórbidos", e tanto Giordano Bruno quanto Mozart foram vítimas desse tipo de personagem. Eles e muitos outros, na história. O escritor e historiador Steven Pressfield, em sua obra *A guerra da arte*, comenta que existe entre os homens um acordo tácito em prol da mediocridade. Quem reage a esse pacto é tido como um traidor. A reação é violenta, e procura automaticamente "queimar" o transgressor. Não pensemos que se trata de uma barbárie medieval que raramente se repete nos dias atuais; apenas dispomos de meios mais sutis (e às vezes até mais cruéis) de difamar e "queimar" os que ousam se comprometer com ideais e honrá-los com sua vida.

Em 1791, solitário e numa cova anônima, era abandonado o corpo de Mozart. Em 1600, ardia nas chamas da fogueira erguida em Campo de' Fiori, o corpo de Giordano Bruno, cumprindo com a curiosa sina de, mesmo em morte, conservar-se vertical e trazer luz. Quem o perseguiu, difamou e queimou foi realmente destruído e enterrado pela impiedosa lei do tempo, que não perdoa os "maus papagenos". Tamino existe e existirá sempre e, graças a ele, persiste entre nós a esperança e a fé no ser humano. Graças a eles por tanto! Graças à Vida por eles!

> Há aqueles que não toleram a ideia de nobreza, pois a simples existência de homens bons e comprometidos com a bondade, beleza e justiça seria, para eles, uma ameaça.

O TOMATEIRO DO FUNDO DO MEU QUINTAL

Meu esposo plantou um pé de tomate-cereja no fundo de casa. Nada de relevante, horta doméstica, que quase todo mundo que tem um pedacinho de terreno faz. Nem me dei conta dele, a não ser quando começou a dar frutos – fazemos isso com tantas coisas na vida, não é mesmo?

Aí sim, por um bom tempo, saboreei seus frutos, recolhi alguns etc. Era farto, e os tomatinhos, muito saborosos. Mas, coisa que eu poderia morrer sem saber, os tomateiros desse tipo têm uma vida relativamente curta. Depois de muitos frutos, que chegaram a decorá-lo por inteiro, como uma árvore de Natal (que pena, não tenho foto disso!), um dia ele começa a secar e seca por inteiro: caule, ramos, tudo. O nosso, ante nossa desavisada tristeza de horticultores amadores, entrou subitamente na fase: "agora, é esperar secar totalmente e cortar." Não dá para deixar de lamentar quando a Vida deixa um ser e vai-se embora de uma hora para outra, procurar outros endereços, mas... sem dramas! Era apenas um pé de tomates...

Dias depois, quando abri a janela do meu quarto, que dá para o tomateiro, vi algo muito vermelho pendente de seu esturricado corpo, prestes a ser cortado. Tomates? Corri lá para ver. Três tomatinhos lindos e vermelhos pendentes de um ramo longo, afastado do caule. Lembrava um braço e uma mão, secos e esquálidos, oferecendo-nos, generosamente... três lindos tomatinhos! Era um último e heroico esforço da vida naquele ser, para que, antes que a morte prevalecesse, ainda pudesse presentear, pudesse gerar ainda mais vida.

Não pude deixar de ser solene ante aquele fato tão simples e belo: agradeci profundamente pela lição de vida do Mestre Tomateiro. Aceitei com humildade sua oferta e contei para ele que eu não era tomateiro, mas também era um ser feito pela natureza para dar frutos e oferecê-los generosamente. Sabia que ele poderia, de alguma forma, me entender.

Além do mais, eu sofria de uma peculiaridade na minha espécie, que é a filosofia: uma pequena variação na genética da alma humana que nos inclina a refletir sobre tudo, ou tudo o que alcançamos perceber e entender. Contei para ele que nós, os humanos, sofremos de uma praga terrível, chamada egoísmo, que limita e às vezes até contamina nossos frutos. Exigimos tanta coisa antes de dar! Pedimos tanto para aquele que recebe! E se a natureza nos nega toda a água e sol que achamos que merecemos, secamos precocemente, regateando de forma mesquinha com a vida que ela nos deu.

Mostrei a ele meu coração, fértil pelo aprendizado recebido, e me comprometi: quando não houver muita energia-vida em mim, tentarei reunir toda a que tenho para fazer uma última e generosa doação, mostrando que foi vida legítima que passou por aqui: plena, íntegra e capaz de alimentar corpo e alma, para quem se sente faminto em ambos.

Descanse em paz, Mestre Tomateiro: missão cumprida. Saboreie a paz dos justos, mais doce que seus tomates-cereja, que pertence a quem cumpre dignamente seu papel. Junto aos seus frutos, eu me alimentarei do seu exemplo, e procurarei dar vida até meu último ramo, esforçadamente estendido, como uma oferenda, aos famintos, aos céus e à terra e como um gesto de gratidão à Vida.

Vire sol sempre que puder.

A PRIMAVERA E A RENOVAÇÃO

Tornou-se quase que um lugar-comum falar de primavera como renovação: das flores que voltam, da alegria da natureza, sempre ao som de *As quatro estações,* de Vivaldi, ou assistindo à *Fantasia* do Walt Disney. Por que um filósofo viria questionar esse cenário idílico? Simplesmente porque os filósofos acreditam que, assim como todas as coisas se renovam naqueles seres a quem pertencem, a reflexão também deve se "renovar" nos homens.

Renovar parece palavra simples, mas tem umas entrelinhas complicadas e enganosas. Pelo dicionário, significa "fazer com que (algo) fique como novo" ou "volte a ser como novo". Bem, uma flor, quando nova, é como um foco para onde convergem todos os olhares, pela sua beleza, cor e graça. Ela mesma não volta jamais a ficar assim, mas a natureza produz outras, na próxima primavera... idênticas? Quase. Num passar de dezenas anos, são muito parecidas, a cada ciclo; em milhares de anos... já começam a se modificar, lentamente.

O que deduzir disso? A flor, como indivíduo, não se renova, a natureza, como coletividade, sim. E aí, entramos na peculiaridade da condição humana: interessa-nos a individualidade e não apenas a nossa imersão inconsciente na marcha do coletivo. Interessa-nos (ou deveria nos interessar!) crescer por mérito individual e não apenas "ser arrastado" pelas correntes da moda; não o individualismo egoísta, que busca o destaque por vaidade, ambição e desejo incessante de conforto e entretenimento, mas a individualidade consciente, que busca comprometer-se com a humanidade fazendo seu papel, tornando-se mais humano para dar exemplo, para demonstrar que isso é possível, para abrir caminhos.

Ou seja, a flor nasce flor por requinte da natureza. O homem torna-se homem por esforço próprio. A flor, como indivíduo, só envelhece e perde suas cores, parecendo menos com uma flor, à medida que o tempo passa. O homem pode ganhar novas cores e ficar mais parecido com um Homem, quando o mesmo tempo transcorre. A flor faz o que lhe corresponde: desabrocha na primavera, encanta os apaixonados, decora os jardins. O sol nasce e se põe, gerando espetáculos belíssimos e pontuais, todos os dias, para os que se dispõem a apreciá-lo...

O homem nem sempre tem feito o que lhe corresponde, há um compasso de expectativa para que os homens desabrochem e a primavera humana, que depende apenas de cada homem, individualmente, não chegue. O amanhecer humano tarda e a escuridão já assusta e incomoda. Imagino que um homem, na plenitude de seus valores, sabedoria, fraternidade, ética, honra e bondade seria um espetáculo tão belo quanto o desabrochar de qualquer flor, aurora e crepúsculo de qualquer sol... quando?

Comecemos por nós. Busquemos intensamente, como o maior dos objetivos, o despertar da nossa natureza humana. Há um apelo que ecoa pela natureza: "Precisamos de seres humanos!". Atender a ele talvez seja uma das formas mais eficazes e contundentes de trabalhar em prol da natureza, objetivo tão buscado em palavras, em nossos dias. Em atos... nem tanto. Se buscarmos o "humano", quem sabe todo o demais não seja conquistado por acréscimo?

> A flor faz o que lhe corresponde: desabrocha na primavera, encanta os apaixonados, decora os jardins.

POLIFEMO

O nome de Polifemo, o ciclope, gigante de um só olho, filho de Poseidon, vem do grego *"poli-"*, ou seja, "muito", e *"phēmí"*, com o sentido de "dizer, declarar, predizer", ou seja, "o que muito fala" ou "aquele do qual muito se fala".

Em sua chave psicológica mais rasa, que é a que alcançamos, não é difícil imaginar um filho de Poseidon (mar, horizontalidade, matéria) gigante, que faz muito barulho (dentro de nós), olha numa só direção (instintos, desejos) e quer nos devorar. Odisseu, tão colérico quanto brilhante mentalmente – uma coisa obscurecendo a outra, é claro –, teve que controlar a própria fúria e pensar numa estratégia para se salvar. Embriaga e cega Polifemo com uma lança aquecida no Fogo (verticalidade, Espírito), mas nada disso é suficiente: tem de assumir um novo nome, uma nova identidade para sair vivo. Torna-se Ninguém. Em contraste com a brutalidade gigantesca e cega do próprio orgulho, cólera e arrogância, ele passa oculto; uma humilde e simples ovelha do rebanho o leva preso à sua barriga: aquele do poderoso Nome, agora Ninguém. Assim sobrevive e continua sua marcha rumo a Ítaca, a brilhante.

"Não se ofenda por não ser reconhecido pelos homens, mas por não ser digno de sê-lo", dizia o sábio Confúcio. Em paz com a própria Alma, a única a quem se deve prestar contas, com um rastro humano para trás e a visão luminosa de seu ideal divino à frente. A cada passo, imbuído da serenidade dos sábios; a cada noite, desfrutando do sono dos justos. Perante os homens, Ninguém; perante Deus, um Homem. Que as Musas nos inspirem para atingir esse objetivo...

> "Não se ofenda por não ser reconhecido pelos homens, mas por não ser digno de sê-lo", dizia o sábio Confúcio.

UM DIA, UMA CEBOLA...

Presentes são coisas curiosas, nasceram para relembrar a presença de certas pessoas na nossa vida, ou de algumas ideias que elas quiseram nos recordar através desses simples objetos. Esses são melhores quando, além de uma coisa útil ou agradável, trazem também uma ideia, uma expressão de um sentimento delicado, honesto e verdadeiro: uma joia das mais raras da terra.

Coleciono algumas dessas joias: pedrinhas, sementes, caixas de fósforo com raios de sol dentro, pano de prato pintados com cisnes azuis, pétalas de flores e flores inteiras espremidas na folha de um livro. Nenhum ladrão pensaria em roubar minhas joias. Pobres ladrões, que não sabem avaliar coisas que possuem valor, só as que possuem preço, e não sabem que as primeiras jamais podem ser roubadas, pois são apenas recebidas numa verdadeira cerimônia de celebração de sentimentos fugaz e rara, num portal entre o tempo e aquela estranha dimensão onde o tempo não é capaz de penetrar.

Recebi, esses dias, uma cebola, embrulhada num paninho colorido com um laço, como uma trouxinha. A pessoa que me deu é dessas que amam tanto o que fazem (coisa pouco comum) que transcendem o banal em cada detalhe do próprio trabalho.

Foi bela a metáfora: tal qual a cebola, não são em vão as camadas que vamos deixando pelo caminho, pois vão dando aroma e sabor para a vida de cada um que as recebe, e a surpresa é que, ao final da vida, como diria o sábio Ramakrishna, por trás de tantas camadas folhadas encontrarmos um núcleo vazio de matéria, pois nenhum ser tem um núcleo verdadeiro que pertença a este mundo...

Essas preciosas descobertas são acrescentadas ao fato de que, quem presenteia, sempre se compromete, pois seus melhores votos se enlaçam definitivamente com o destino do presenteado, não só como desejo, mas como dever de construir esse destino junto com ele. O presente, mais do que só gratidão, me trouxe inspiração e vontade de também distribuir meu coração aos quatro cantos do mundo, em pequenas joias e dádivas, cuja essência me obrigue a me comprometer ainda mais com a Vida como um todo.

> Tal qual a cebola, não são em vão as camadas que vamos deixando pelo caminho, pois vão dando aroma e sabor para a vida de cada um que as recebe.

LEMBRANDO DE *FORREST GUMP*

Hoje, sem maiores razões, recordei-me deste belo filme, lançado há vinte e sete anos, em dezembro de 1994. Eu o conto como um dos filmes que me causam saudades, como se Forrest realmente tivesse existido e fosse um conhecido meu, muito querido. Não me importam muito as inúmeras conjecturas de ordem política ou existencial que se teceram sobre a obra ao longo desses anos de sucesso. Importam-me algumas lembranças, que me impactaram bastante e foram verdadeiramente úteis para mim. Uma delas, que guardo com carinho, é a perfeita definição da mãe dele, quando ele se queixa de que o chamavam de idiota em todos os lugares: "Idiota é quem faz idiotice". Não era o caso dele, nos quesitos lealdade a princípios foi impecável, dedicado aos que amava e empenhado em tudo o que fazia. Sua mãe tinha razão: ele não era um idiota.

Mas reflitam sobre como essa singela definição vira o mundo de cabeça para baixo em relação aos valores atuais: nós empenhamos uma energia descomunal para ter diplomas, dinheiro, cargos, títulos e fama. E, ao sair às ruas, somos pouco gentis, desleais entre nós, transigimos, em nossos princípios, hesitamos nas nossas tarefas e "atropelamos" os sentimentos das pessoas que dizemos amar. O que temos feito pela vida afora, nós, os "homens espertos"? Idiotices. Simples assim.

Sei que o assunto não é novo. O milenar "Assim, pois, pelos seus frutos os conhecereis" já nos dava essa instrução. Mas, não é por ser antigo que é bem entendido. Continuamos com um investimento desastroso de nossa energia-vida, sem nos deter para analisar a qualidade dos rastros que temos deixado por aí, único depoimento válido sobre quem realmente somos nós: "Eu passei pela sua vida: como você ficou, depois disso?".

Sei que deve ter gente que manda afixar todos os seus títulos conquistados na lápide de seus túmulos, mas, se são só títulos... quem visita esses túmulos? A lápide dos homens bons está gravada a ferro e fogo no coração dos homens despertos. Bem, não há tempo para pensar nisso, nosso dever é fazer coisas e não fazer alguma coisa com a nossa vida. Eu conheci um rapaz que pensava diferente disso: Forrest Gump... Rapaz esperto! Quase um gênio!

> **Continuamos com um investimento desastroso de nossa energia-vida, sem nos deter para analisar a qualidade dos rastros que temos deixado por aí.**

TRANSFORMAÇÕES

As transformações, as coisas que se vão, são sempre um mistério para a mente e o coração humanos. Para onde foi o sol, para onde foram as folhas das árvores, as flores da última estação, a carruagem que dobrou a esquina? Para onde vai a vida? Como perdê-la um pouco todos os dias sem sentir melancolia? Ravana, o personagem de um antigo épico indiano, dizia: "Odeio as coisas que vêm e vão no tempo e odeio o próprio tempo...". Sem chegar ao extremo do ódio, como ele, muitos de nós sofremos por essa mesma razão... Quem não sentiu algo comprimir o peito ao folhear um antigo livro e procurar, entre suas páginas, a folha seca de uma flor um dia presenteada, que virou pó? Parece ser a sina de tudo.

Um homem muito sábio chamado Sri Ram dizia que as transformações nada mais são do que as formas correndo atrás da realização de suas essências divinas e perfeitas, que chamam e esperam por elas, desde o céu dos arquétipos espirituais. E se soubermos ser sensíveis a esse chamado e também participar dessa espécie de "corrida" de todas as coisas rumo aos braços da Essência que os trouxe ao mundo nos inícios, os inspira no presente e o chama no mais belo e promissor dos futuros, a transformação se torna o espetáculo mais belo de se ver. Perfeita e completa, como deve ser tudo aquilo ou aquele que se realiza.

O doce cello que ressoa no belíssimo repertório de Gabriel Fauré parece saber disso; parece compartilhar tempo, saudades e esperanças. É como se ele concedesse voz às nossas inquietudes mais profundas, como tudo o que é verdadeiramente Belo sabe fazer. Eu acredito que é assim que as coisas são. Acredito neste cello, em Fauré e em Sri Ram. E algo em mim baila, traça espirais de luz e de esperanças renovadas... E em você?

> Quem não sentiu algo comprimir o peito ao folhear um antigo livro e procurar, entre suas páginas, a folha seca de uma flor um dia presenteada, que virou pó?

SOBRE O RUBÍDIO, AS DICOTILEDÔNEAS E OS PSEUDÓPODES

Hoje, conversando com um amigo que, como eu, anda pela casa dos cinquenta e alguns anos, começamos a lembrar dos nossos estudos no já distante ensino médio. Após eu me queixar por saber decorados até hoje todos os nomes das repúblicas de uma União Soviética que já não existe desde 1991, ele disparou a recordar da tabela periódica (que também mudou bastante), dos nomes citados no título desta crônica e de outros, aos borbotões, todos muito curiosos, recebidos e decorados em diferentes disciplinas. Aí, inevitavelmente, acabamos por rir e nos perguntar: ao longo dessas décadas de vida que deixamos para trás, quando foi que utilizamos esse "conhecimento", na maior parte já "deletado" pela memória? E nossos colegas de classe de então, salvo aqueles poucos que seguiram carreiras específicas nessas áreas, será que alguém lançou mão deles? A resposta, penso, é bem óbvia: os pobres "pseudópodes" dormiram por décadas em nossas mentes para só despertarem no dia de hoje.

Nas horas seguintes, transferi a conversa para dentro da mente e comecei a me indagar: Do que realmente precisei saber nessas últimas décadas para viver melhor? Sobretudo, quais foram as necessidades de conhecimento mais urgentes, em parte não solucionadas até hoje? A lista não foi difícil de fazer, nem muito longa, e era mais ou menos assim: precisei aprender a dominar minhas próprias emoções, para que não oscilassem caoticamente; precisei dominar razoavelmente meus pensamentos, para não me tornar a criatura mais dispersa e fantasiosa do mundo; precisei de treino diário de paciência para conseguir estabelecer alguma relação com o mundo, com as pessoas de todas as direções para onde me voltei (inclusive na direção do espelho); precisei da aceitação e da compaixão, para não desistir de todos – inclusive de mim mesma! E o que mais? Precisei de perseverança, para não abandonar a luta contra os meus defeitos, depois de ser derrotada pela milésima vez; precisei de compreensão, para ver o essencial por trás da contraditória e mutável personalidade própria e alheia, e para poder estabelecer sentimentos profundos e verdadeiros, baseados em algo de verdadeiro, em mim e no outro; precisei de esperança, para não perder as motivações e os sonhos; precisei de sensibilidade e critério, para saber quando deixar o orgulho próprio atuar desenfreado e quando freá-lo, e para saber onde começa a própria dignidade, a fim de impor limites. E precisei de mais algumas coisinhas, muitas delas sobre as quais, no geral, não cheguei ao nível necessário de domínio ainda nos dias em que vivo.

Precisei muito desse conhecimento, precisei em doses cavalares. E não houve método educacional oficial, convencional, que os oferecesse para mim, ou para ninguém, dentro do meu círculo de conhecimento. Relembro, então, do jargão atual, *hit parade* das rodinhas de conversas de palpiteiros: "A raiz dos problemas que vivemos é a carência de educação". Concordo com essa máxima. Concordo mesmo, no máximo grau, contanto que alguém me explique o que entende por educação, senão, corremos o risco de que os verdadeiros "pseudópodes" (literalmente, "falsos pés") sejam os nossos superficiais conceitos e palpites sobre os problemas do mundo. E também não cai bem para mim a explicação de que isso se deve à "deficiente grade de disciplinas do currículo brasileiro, que preza pela quantidade..." Ora, que há grades de disciplinas diferentes e até melhores pelo mundo afora, eu sei bem que as há, mas que alguém no mundo, neste momento, esteja formando seres humanos e não somente informando-os... vamos e venhamos: que idílico lugar é esse de seres humanos virtuosos e não apenas adestrados por padrões coletivos de "comportamento correto e civilizado"?

Onde fica, no mapa, Shangri-La ou Éden? Sei que a questão não é simples, pois formar exige que se tenha formação, endossada pela própria capacidade de dar respostas à vida. Como diria nosso amigo Djavan, em uma de suas belas canções: "Sabe lá o que é não ter e ter que ter pra dar" (DJAVAN. Esquinas. In: DJAVAN. *Lilás*. CBS Records, 1984. Faixa 3).

Não pretendo com isso fazer nenhuma espécie de "carta aberta aos jovens" que os incite a não estudarem física ou biologia. Os vestibulares convencionais vão exigir isso deles, pois é condição necessária (mas não suficiente!) para sobreviver razoavelmente nos dias atuais. Mas gostaria, sim, de avisá-los de que a vida oferecerá muitas outras espécies de vestibulares, cuja reprovação traz perdas muito mais importantes e dolorosas. Procurem respostas consistentes. Não conheço alguém que saiba tudo, mas, se tratamos de algumas pequenas respostas coerentes, há quem tenha, sim, e queira compartilhar conosco. Uma dica: normalmente, são os menos arrogantes, pois já perceberam o tamanho da própria ignorância (o que já implica razoável grau de sabedoria).

Não se enganem: a vida exige sabedoria, e sabedoria não se improvisa, não se "chuta" nem se "cola". E, daqui algumas décadas (que passam mais rápido do que possam imaginar!), só quem conquistou algo dessa sabedoria pode dizer que teve um tanto de êxito e realização na vida. O resto vai se reduzir ao que é: simplesmente... o resto.

Quais foram as necessidades de conhecimento mais urgentes, em parte não solucionadas até hoje?

QUANDO ELA SE FOI

Ela era uma linda gatinha, de apenas seis meses. Brincávamos muito e ela me fazia sentir mais criança que ela mesma. Quando a levei para castrar, pensei: "Ficará enjoadinha e eu a mimarei por alguns dias". O telefonema dizendo que ela não tinha resistido e faleceu me feriu como um golpe, aquele das coisas duras da vida. Por causa do fator surpresa, elas se tornam ainda mais duras.

Ela chegou num momento muito especial para mim. Era mais que um animal de estimação, era encanto, alegria, pureza. Era o focinho mais molhado do universo ao encostar no meu nariz, ato mágico que levava embora todas as tristezas. Dois olhos enormes, azuis, quase grudados aos meus, indagavam, desafiadores: "Travessuras! Topa?". E a vida inteira se convertia numa gigante possibilidade de travessuras.

Mas ela se foi, e eu cheguei em casa, desolada e sozinha, com uma caixa de gatos vazia na mão. Agora é assimilar no coração o amor a ela, agradecer e continuar vivendo. Usei o meu velho truque de sempre, ensinado por um mestre maravilhoso, um dos presentes mais eficazes já recebidos: trabalho. A bicicleta se equilibra no movimento.

Havia grandes queijos curados, em cima da geladeira, esperando pelo conserto do processador ou por um ralador bem-disposto. Nesse momento, o trabalho pesado e repetitivo me pareceu a melhor oportunidade que já existiu.

Alinhei ralador, bandeja, queijos, e comecei, com ritmo e determinação. Cuidava para as lágrimas não se misturarem com o queijo.

Quando o braço doía, jogava as dores do coração todas nele. Braço dói pouco e a gente leva bem.

Como um carrossel, foram passando pela minha mente as coisas que eu quis conquistar, as que conquistei e pensei ter perdido. Ralei-as todas. Ralei mágoas e orgulhos feridos. Aliás, as mágoas, ralei-as ainda com maior determinação. As ilusões, as mentiras da minha mente... pensar que a vida se vai, pensar que se perde a beleza e as coisas sagradas da vida? Ralador nelas!

Agora, o bendito queijo ralado, que cresceu como uma montanha à minha frente, se converteu numa montanha de esperanças e fé. As lágrimas também foram raladas, e eu, forte e renovada, prossigo. Vi a noite nascer, por meio das frestas do ralador, e vi estrelas surgirem. Estou de pé e eu sou esperança, fé e gratidão. Renasci. Agradecer é necessário, pois meu coração, que era dor, agora transborda só em graça. Agradeço aos mestres, ao trabalho, à vida, à pureza dos gatos e à resistência dos queijos curados, capazes de despertar tanta resistência em nós. E ao Ser que há em mim, um grande processador, capaz de transformar em luz a morte e a vida, a alegria e a dor. E aqui estou, dedos ralados, alma inteira e agradecida, pronta, de novo, para outra jornada.

Compartilho essa pequena experiência com a esperança de que meu segredo, tão preciosamente presenteado, possa ser passado para frente e possa ser, talvez, útil para você. Não demanda muita coisa: só um bom ralador, e uma vontade grande, enorme, de apostar na vida e de integrar a dor.

> Assimilar no coração o amor a ela,
> agradecer e continuar vivendo.

MÃOS POSSUEM MARCAS

Minha mão pousava suavemente sobre a cama... e eu me detive a olhar para ela. Dentro do que conhecemos da natureza, não deve haver ferramentas muito mais perfeitas do que uma mão humana. A minha "ferramenta perfeita", com 51 anos de uso, repousava docilmente nesse momento, à espera de novos comandos, e tinha algo belo de se ver, algum segredo que me chamava a atenção, como se tivesse uma história guardada para me contar.

Então lembrei-me de uma carta do tarô egípcio, em que a Morte ceifava pedaços de corpos que se elevavam acima da terra (mãos, cabeças, pés...), ou seja, daquilo que se ergueu acima do banal e deixou obras duradouras. Senti a curiosidade, nesse momento, de dialogar com minha mão sobre quais de suas obras, se é que há alguma, se enquadraria nessa honrosa posição.

As marcas nas mãos ajudam bastante a memória. Elas não são só cicatrizes, mas os traços deixados pelas vezes em que ela se abriu e fechou, em que atuou e em que se recolheu, em que pousou sobre o meu coração, sondando novos caminhos, mais profundos e verdadeiros, e em que se estendeu para o céu e para a terra, para as quatro ou mil direções, minhas expressivas mãos, sempre buscando, mas nem sempre logrando atingir seu objetivo.

Alguns corpos suaves e ásperos e sabores doces e amargos trazidos à boca são também lembrados. Minha mão, tateando mistérios no vazio, se inquieta ao se lembrar de corpos tocados, alguns deles já não existem mais; sabores que ecoaram e foram gravados na pele, no estômago, na mente, no coração. A intenção da minha mão, porém, por trás de todos esses movimentos, resumiu-se sempre à dualidade de aproximar ou afastar, e, nesses momentos, ela foi regida apenas por dois senhores, que ainda existem, em guerra, dentro de mim. No contraste permanente entre os dois, nasce minha consciência e identidade.

O Senhor da Separação procurou afastar de mim o que me feria e ameaçava, o que me era desagradável; empurrou para longe de mim muitas coisas por segurança, mas outras por puro capricho e desejo de conforto físico e psicológico, e me fez contabilizar muitas perdas. Já o Senhor da Unidade me fez mergulhar minhas mãos dentro de mim para extrair a gota sagrada e estendê-la em muitas direções. Ele me fez acalentar minhas esperanças no berço das noites, quando essas se faziam muito escuras... Ele me fez cobrir meus olhos para obrigá-los a se fecharem e se abrirem novamente, na conhecida tática de "dar um novo start" em tudo aquilo que não funciona muito bem. Ele me fez tocar em tantos rostos, tantos ombros, e colher, com a mão em concha, lágrimas perdidas, para tornar a encontrá-las, quando necessário, e tocar a terra molhada e o mar agitado, experimentando, neles, aromas que não se esquece.

Diante do grande "achados e perdidos" da minha memória, da trajetória das minhas mãos, essa soma de impressões me faz crer que a balança pende para o lado de algo, muito pequeno mesmo, mas precioso, que o tempo não varrerá, e essa talvez seja a mais sagrada de todas as constatações. E minha mão se ergue e pressiona forte meu coração, quem sabe se para gravar nele, fundo, essa impressão, fruto mais valioso da minha vida. E talvez, nesse ato singelo, minha mão encontre uma síntese de todas as suas obras. Quiçá um átomo da minha vida, simples, mas coeso, há de brotar sobre a terra, quando tudo, mãos, coisas, sensações e pensamentos, tiverem cumprido o inexorável destino de deixar de ser; minha mão e meu coração sabem: algo ainda será.

> No contraste permanente entre os dois, nasce minha consciência e identidade.

AO PROFESSOR

É mais ou menos consensual que professor vem do latim *profatere*, professar, afirmar perante todos, mas há quem diga que também tem ligações com o germânico *faderi*, de *fader*, pai.

As palavras, ao irem se esvaziando, nos pregam peças ao deixarem de nos dar "o seu recado" – ou somos nós que pregamos peças, ao esquecermos o significado delas? Seja como for, lá vai mais uma: educador, do latim *educir*, trazer à tona.

Lembra-se daquele dia em que teve de ir à frente da sala, para ler diante de todos a resposta do seu dever de casa? Ou, um pouco mais tarde, para apresentar um seminário ou sua tese? É, meu caro, talvez não seja uma lembrança muito agradável. Enfrentar público, ainda que benevolente com sua inexperiência de aluno, não costuma ser fácil. E quando o público já não é tão benevolente? E quando você já não é apenas um aluno?

Fico pensando na raiz da palavra professor: professar, declarar fé... trazer à tona. Em que será que o verdadeiro professor, aquele vocacionado para isso, empenha sua fé? Eu tenho um palpite: ele tem fé no ser humano que dorme (às vezes, literalmente), no aluno à sua frente. Ele acredita poder despertá-lo (em todos os sentidos!), trazê-lo à tona.

Há quem diga que os professores de matemática são todos um terror e que os de português, então... Não acredito nisso. Não creio que a disciplina em si torne um professor bom ou mau. São algumas décadas de vida conhecendo pessoas que me narravam antigas histórias: "Aquele professor... marcou minha vida! A matéria era difícil, mas ele era sensacional!". Sim, ele deu o seu recado, trouxe alguma coisa à tona, talvez não para todos, mas para pelo menos um ser humano. A matéria? Acho que era geografia... não lembro muito bem.

Há um antigo livro sagrado budista que diz o seguinte: "Mais que mil palavras sem sentido, vale uma única palavra que traz consolo a quem a ouve". Sim, o *Hieros logos*, ou seja, a palavra sagrada capaz de trazer à tona um sentido, uma direção, um referencial. Curvada sobre meus livros, preparando mais uma aula – sim, também sou professora! –, dedico minha mais profunda gratidão a esses colegas que tomaram como missão de vida não deixar para trás o mundo sem pronunciar essa palavra tão especial. Ainda que apenas uma... compensa fazê-lo! É também uma forma de dar à luz, de ser *fader*.

E, por falar em vocação, ela vem do latim *vocatio*, "chamamento", de *vocare*, "chamar" e de *vox*, "voz, som, chamado, fala". Quem nos chama e nos invoca, amigo professor? De onde vem esse "sagrado" que pode iluminar nossa palavra? Quem nos convoca – palavra que tem a mesma raiz de vocação! – a esse trabalho?

Quase que sem pensar, algo me chama a olhar para cima, para dentro, para algum lugar misterioso, em alguma direção, e a inclinar-me, grata, ante esse *Fader*, que chama todas os seres e coisas a realizarem seus destinos. Parabéns pelo seu dia, professor!

Em que será que o verdadeiro professor, aquele vocacionado para isso, empenha sua fé?

SOBRE A ARTE

"Só o alcance da beleza perfeita de pensamento e de ação completa e realiza, por si mesmo, o propósito de manifestação da natureza da vida humana."

N. Sri Ram

Arte, do latim *ars*, *artis*, parece vir do indo-europeu *ar*: "ajustar, colocar, conduzir para". Parece que todas as palavras vêm à tona para dar forma inteligível a uma necessidade humana e são legítimas quando não perdem contato com essa realidade original. Arte, por exemplo, pressupõe dois mundos: o primeiro, o mundo das ideias, de Platão, perfeito e permanente, e outro, o mundo dos reflexos, ilusório e passageiro, mas que busca concretizar, em suas formas, aquelas formas do mundo ideal. O artista seria a ponte entre esses dois mundos. Quando consegue gerar formas que se assemelham significativamente ao seu modelo no plano das ideias, permite que os homens comuns vejam o primeiro mundo através de seus olhos, e inspira-os na direção de seu alcance. Daí podemos deduzir que o verdadeiro artista é sempre um idealista e fomentador de idealismos.

O homem comum, não artista, também realiza obras, e elas possuem igualmente seus modelos. O conjunto de modelos de que ele necessita poderia ser chamado de "arte de viver", um acervo vasto e pouco conhecido em nossos dias.

Esse homem, então, que luta desordenadamente contra uma avalanche de acontecimentos cotidianos, pode-se colocar diante de um Da Vinci ou de um Mozart e perceber que a busca da perfeição como meta é, sim, algo humano, legítimo e extremante benéfico para quem a pratica e para quem a contempla. Pode se sentir inspirado a dar ordem à sua luta, atravessando a avalanche com braçadas ritmadas e harmoniosas. E pode inspirar e até guiar os demais à sua volta para fora da desordem e da banalidade.

O filósofo Roger Scruton costuma dizer que "alguém que se preocupe com o futuro da humanidade deve tentar perceber como pode ser reavivada a educação estética, cujo objetivo é o amor pela beleza". Nesse sentido, a perícia e requinte do artista ao conduzir sua obra é pedagogia para aquele que apenas conduz as próprias palavras, numa conversa, ou o carro, no trânsito.

Na busca pela civilização, ou seja, por uma vida digna dos homens, necessitamos de política, cuja base são valores como honestidade e fraternidade; ciência, cuja base é o amor ao conhecimento; e arte, cuja base é a beleza.

Preocupar-se com o futuro da humanidade é um belo ato, uma verdadeira obra de arte. Quem de nós se arrisca ao meticuloso trabalho de buscar a boa arte como conselheira para aprender a construir a si próprio? A recompensa é a exposição permanente de sua forma de viver no memorial dos que lutaram e fizeram diferença, dos que esculpiram a sua vida, tendo como modelos os mais belos sonhos humanos.

> No contraste permanente entre os dois, nasce minha consciência e identidade.

SOBRE ESTRELAS E HOMENS

Hoje, no jornal, falava-se da observação recente de uma explosão vinte vezes mais brilhante do que todas as estrelas da Via Láctea juntas, formando uma "supernova ultraluminosa", à distância de 3,8 bilhões de anos-luz. Seu brilho equivale a 570 bilhões de sóis. Tudo nessa informação é marcado por números grandes demais para a nossa mente assimilar: tamanho, tempo, bilhões para lá, bilhões para cá... Mas não quero reforçar o já muito repetido argumento da nossa insignificância diante disso. Muito pelo contrário, admira-me a nossa "significância": consciências presas dentro de corpos de "seres de um dia", como diria Homero, ousando debruçar-se sobre um tempo e um espaço incomensuráveis, presenciando, bisbilhotando e buscando entender.

Com certeza, diante do mistério da consciência, os dois grandes vetores que sustentam o palco do nosso teatro da vida, o tempo e o espaço, se relativizam. Que tamanho tem a consciência? Que duração? Se dentro dela cabem bilhões... Ela não se satisfaz ou se detém ante essa espetacular cifra?

Dizem que a vida espiritual se caracteriza pela busca permanente de compreensão e encontro da eternidade. Parece que basta esquecer um pouco do banal que a nossa consciência corre para essa direção, como se fosse uma lei da gravidade própria de seu plano: solte-a do trivial e ela "cai" para o eterno. Tantos mistérios há por trás de cada momento, nessa trajetória que chamamos de vida, trajetória de um ente real por um caminho (espaço/tempo) ilusório...

Olhe este Sol que nasce: nós o vemos e fazemos todas essas indagações. Será que ele nos vê e também indaga algo? Ou seríamos os únicos e privilegiados seres conscientes no meio de tudo isso? Quem sabe a Eternidade seja a grande observadora de tudo o que há para observar e, nós, que pensamos procurá-la, estejamos sendo procurados por ela desde o início dessa dimensão que chamamos de "tempo"?

Um dia, a consciência forçará tanto os limites dessa sua "cela" de matéria, o corpo, que talvez o obrigue a abrir uma nova janela para que ela veja a Eternidade, nascendo, assim, um novo tipo de visão. Sim, isso me parece plausível e digno de ser buscado. Em vista disso, tão lógico para mim, em meu dia de hoje, por trás de tudo o que farei, alimentarei minha fome e minha sede de eternidade. "Crer para ver", afinal, talvez seja um mistério ainda maior que seu inverso... mais próximo da verdade.

> Quem sabe a Eternidade seja a grande observadora de tudo o que há para observar e, nós, que pensamos procurá-la, estejamos sendo procurados por ela desde o início dessa dimensão que chamamos de "tempo"?

REFLEXÕES MATINAIS

"(...) Esvaneceu-se para sempre o meu sonho de Amor.
As horas fogem,
e morro desesperado...
E nunca amei tanto a Vida!"

(Trecho final de *E reluziam as estrelas*
[*E lucevan le stelle*]. In: G. Puccini. *Tosca*. 1900)

Hoje, no percurso matinal para o trabalho, Mario Cavaradossi, personagem de Puccini na *Tosca*, cantarolava na minha mente. Sabe-se lá por que razão eu lembrava também da "Teoria do Impacto", joia da filosofia oriental, que diz que a consciência nasce do contraste: entre duas cores, entre duas formas, entre duas notas musicais, entre o que temos e o que perdemos, entre a morte e a vida... E eu me lembrava disso e via Cavaradossi, atado à murada de um castelo, poucos minutos antes de sua execução, percebendo e cantando uma melodia lindíssima sobre o quanto sua vida tinha sido absolutamente feliz por pequenas coisas, talvez não tão valorizadas, quando as viveu...

Quando saí de casa, meus cães brincavam eufóricos no gramado do quintal, e eu, como sempre, pensava: "Felizes por tão poucas coisas... só porque amanheceu e estão vivos!". De repente, Cavaradossi me disse: "Felizes por tantas coisas! Por inúmeras coisas! Olhe de novo e enxergue!". Pensei em tudo isso, nessas singelas e imprescindíveis verdades que se processam mais no coração do que na mente de Puccini, e chorei. Chorei porque há manhãs e porque houve Puccinis que souberam enxergá-las e transformá-las em beleza, porque temos tanto... "A simplicidade é o maior dos requintes", dizia Da Vinci, outro que via tanto e provavelmente também via mais através do coração.

Ao agradecer, lembrei, porém, de que temos que ter cuidado até para sentir gratidão. A alienação do materialismo nos faz dizer: "Obrigada por Puccini, que era divino!". É como agradecer pela sombra da rosa e não pela rosa... Puccini, Da Vinci e outros tantos eram gênios porque souberam ser canais para que a beleza chegasse ao mundo. Lao-Tsé dizia: "As sombras nasceram no mundo porque os homens se tornaram opacos". Os gênios sabem ser, por alguns instantes, transparentes. Assim, a Luz desce ao mundo e nos alcança. Puccini era maravilhoso, mas Puccini não era divino: Deus era Puccini, Deus era Da Vinci, Deus era Lao-Tsé, assim como Shakespeare era *Otelo*, era *Hamlet*, era *Rei Lear*, mas era muito, infinitamente mais, além disso, era Mistério. E não há outra coisa a fazer senão agradecer a Deus, e ao seu Mistério, e a todos que O manifestam no mundo.

E tive que chorar e que rir quase que ao mesmo tempo, pois as pessoas que cruzavam comigo me olhavam, viam minhas lágrimas e pareciam preocupar-se e compadecer-se: deveriam me invejar apenas por este meu "minuto de glória", porque eu estava em meio a Rosas. Platão dizia algo muito parecido, por isso, nesse momento, eu entendi melhor: há quem se apaixone pelas sombras das sombras, há quem ame as sombras das Rosas e há quem ame... as Rosas! Isso também lembra o caminho de Eros, de Plotino, outro gênio que via, e parecia ver o tempo todo, parecia viver o tempo todo num jardim de rosas!

Ainda que peque por uma absoluta falta de originalidade para saber agradecer, pois vivo muito longe de poder dar à luz a Cavaradossis, não posso deixar de dizer, com a mais íntima, simples e legítima das minhas vozes: mil vezes grata, Senhor das Rosas, que nos envia os gênios como dádivas!

> Os gênios sabem ser, por alguns instantes, transparentes. Assim, a Luz desce ao mundo e nos alcança.

INDEPENDÊNCIA OU MORTE?

Se existe um tema caro ao nosso tempo é o da independência e da liberdade, cantados em AM e FM como um dos maiores, senão o maior objetivo da vida. À parte a consideração de que ter um valor como sentido de vida já é algo de raro e louvável, não posso deixar de me perguntar, porém, de que é, de fato, que as pessoas querem tanto se libertar. O filósofo Platão costumava falar que quem fala muito de comida deve estar faminto... E quem fala muito de liberdade, o que quer?

Claro que surgirão as sempre pertinentes colocações a respeito da lista interminável de tiranos que submeteram e submetem a humanidade, em todos os tempos, e que provocam a nossa indignação: de caráter político, religioso etc. Mas, se me permite a "liberdade", vamos ser objetivos? O que submete você, agora, aqui, neste momento? Trocando em miúdos, o que te impede, de fato, agora, de ser aquilo que gostaria de ser, ou seja, de realizar seus sonhos?

Para não dizer que faço perguntas constrangedoras e que não obedeço ao clássico preceito do ensinamento mediante o exemplo, vou tomar a iniciativa e vou te dizer quais foram os principais "tiranos" com os quais tropecei na vida, ou seja, que me impediram de caminhar e de me realizar na velocidade e medida com que eu sonhava: a desorganização, a preguiça, a impulsividade (que cruel, esta!), a falta de paciência comigo e com os demais, a falta de aceitação do ponto de partida que a vida me oferecia, e, para não dizer que só falei de faltas, o excesso de tagarelice mental, de instabilidade emocional etc. Ufa!, um verdadeiro exército, uma turma boa de briga... e de algemas. Nem reunindo todos os desafetos da minha vida inteira, conscientes ou não, conseguiria somar o prejuízo que apenas um desses me causou.

Jean-Paul Sartre costumava dizer: "O inferno são os outros". Nesse caso, parece que o cárcere... também são os outros! Será mesmo? Já sei, já sei: embutidos nas minhas limitações estão os traumas e feridas que os demais me causaram, portanto, eles são os "responsáveis". Assim como por trás do leite derramado está "embutido" o leiteiro desastrado... No entanto, isso não nos isenta da responsabilidade de tomar o pano e o rodo e limpar o bendito leite que se espalha e suja o chão. Ademais, havia outras pessoas por aqui quando passou o desnorteado e pobre leiteiro, mas ele esbarrou apenas em você... por que será?

Esperar que o universo, que por definição é dual, supere essa "fraqueza" para que só haja leiteiros atentos, pessoas gentis e bem-intencionadas e dias suavemente temperados, é fantasia e fuga. Se é que isso pode ser chamado de "fraqueza". Não está bem dentro do nosso "departamento" corrigi-la. Mas o que é de fato nossa fraqueza está bem no nosso escaninho de trabalho mais próximo.

"Escravo é o que luta contra o que não depende dele e, no que depende dele, nada faz." Frase do filósofo Epiteto, que (curiosamente!) era um escravo romano. Pelo visto, não levava esse título muito a sério. Nesse sentido, protestar pela liberdade: que boa ideia! Vou fazê-lo hoje mesmo, da forma que me parece mais urgente e premente: tomarei o mais vermelho dos meus batons e escreverei em letras garrafais, no meu espelho: "Reaja! Reaja! Reaja!". Se necessário, tenho batons vermelhos em estoque para emprestar, se quiser dar vazão à sua justa indignação libertária.

Verdade seja dita: "Independência ou morte" é um bom lema. Todos morreremos um dia. Será que não abateremos nenhum obstáculo interno antes disso? Lembro-me dos clássicos do faroeste, em que o protagonista desafiava os inimigos, ousado, com as mãos nas cartucheiras: "Posso morrer, mas levarei muitos comigo!". Muitos?

Bem, não sou exatamente John Wayne, mas um ou dois, pelo menos... quem sabe?

> "Procura a satisfação de veres morrer os teus vícios antes de ti."
>
> Sêneca.

O filósofo Platão costumava falar que quem fala muito de comida deve estar faminto... E quem fala muito de liberdade, o que quer?

UM SONHO...

Um dia desses, ou melhor, uma noite dessas, de sono agitado, tive um longo sonho, do qual, na maior parte, não restaram na memória mais do que poucos e confusos fragmentos. Mas uma parte dele, pouco mais de uma cena, permaneceu intacta, inclusive com as emoções que ela evocou, indo e vindo por vários dias na minha memória, até que hoje, por fim, dobrei meu ceticismo e me convenci de que havia ali algo de especial a ser melhor examinado. Steven Pressfield, escritor que muito admiro, declara, em sua pequena obra-prima *A guerra da arte*, que sonhos desse tipo não devem ser passados adiante, a menos que possam ser úteis para o crescimento de alguém, pois são uma intimidade com nossa alma. Com essa esperança, resolvi compartilhá-lo. Espero que te seja útil...

Nada havia de especial no sonho, era uma cena do passado, mas eu já era da idade que tenho hoje, numa mistura de dois tempos. Só havia dois personagens: eu e meu pai. Aparentemente, pelo que entendi, ele se mudara para uma cidade litorânea, bem pequena e pobre, e comprara um muito antigo parque de diversões para ganhar dinheiro e me sustentar. Sentada em algum lugar, eu via o seu duro trabalho de reformar aquele velho e abandonado parquinho: limpava carrinho por carrinho de um brinquedo, depois, rodava as cadeirinhas de uma velha roda gigante e limpava rigorosa e detalhadamente, uma a uma.

Seu rosto era sério e concentrado, talvez com uma leve gota de melancolia. Não falava comigo, nem parecia me notar; apenas trabalhava.

Também sem falar uma palavra, eu o observava e sofria. Dizia a mim mesma – parecia ser a mim mesma, pois não via mais ninguém por ali – que eu já deveria ter conquistado meu sustento para não obrigar meu pai a trabalhar daquela forma, pois já era "grande" o suficiente para isso. Culpava-me doloridamente por decepcioná-lo, por fazê-lo sofrer.

Acordei impactada e me recusei a psicologismos baratos; seriam uma profanação. Pelo contrário, de alguma forma, eu sentia que já estava tudo muito claro e bem explicado naquele sonho. Aquele homem usava o rosto do meu pai, mas tinha apenas o rosto dele. O escritor Walter Otto, no livro *Teofania*, dizia que o Sagrado sempre se apresenta ao homem com um rosto que lhe permita reconhecê-lo, como alguém que educa uma criança e não quer assustá-la. A sobriedade e dignidade daquele homem, sua grandeza... Não era simplesmente a de um homem. Não, aquele não era meu pai físico, mas era um Pai...

Era um Pai que reconstruía brinquedos antigos, porque reconhecia, resignado, que eu ainda necessitava deles para me sustentar, ainda necessitava "brincar". Meu mundo ainda era aquele, era cedo demais para destruí-lo. Talvez ele os tenha deixado para trás, em algum momento, imaginando que eu crescera e, agora, enfrentava a dura realidade, dura para nós dois. Será que meu Pai esperara que eu crescesse mais do que eu podia? Será que eu teria podido crescer mais e, ao não o fazer, desapontei Suas expectativas?

Nada daquilo parecia muito lógico. Apesar da cena triste e amarelada de cartão-postal antigo, com uma mancha de mar ao fundo, apesar do (ou graças ao) silêncio, não havia dúvidas de que Ele me amava e de que reconstruiria tempo, espaço, um mundo inteiro para me proporcionar a experiência de que eu necessitava para crescer.

Porém, uma coisa é absolutamente certa: o que eu mais desejava naquele momento, a única coisa que aliviaria a esmagadora dor que eu sentia seria honrá-lo como Pai e realizar seus sonhos para mim. Não havia dúvidas de que a felicidade se resumia só a isso. No entanto, quando eu desperto... ainda há tanta imprecisão e dúvida para saber o que realmente é a felicidade!

Talvez este nosso tempo seja um tempo de limpar. Tudo o que nos faz esquecer dos sonhos do nosso Pai, que são nossos próprios sonhos mais profundos, é excesso e deve urgentemente ser limpo. Talvez, se não nos lamentarmos tanto e simplesmente nos prontificarmos a fazer essa limpeza com Ele, talvez... Quem sabe, ao final, já não queiramos mais esses brinquedos? Quem sabe esse esforço de purificação não nos faça crescer?

Pode ser que, então, esse cartão-postal amarelado do que já passou, mais limpo, com menos manchas amarelas, fique para trás e Ele pegue forte em nossa mão e nos conduza para um futuro de gente grande, que é o que Ele sonha para nós e para todos os seus filhos. Se você acredita em sonhos, eu compartilho meu sonho contigo como uma criança que divide com o amiguinho o pequeno doce que tem em mãos. Ainda que um quase nada, uma meia balinha, que seja, permita-se prová-la agora, saboreá-la por um momento e sentir e guardar para sempre sua doçura...

> Quem sabe esse esforço de purificação não nos faça crescer?

APRENDENDO COM IDEIAS E COM SOMBRAS DE IDEIAS

Duas ou mais ideias se enlaçam no plano espiritual e descem ao mundo abraçadas, gerando, em todos os planos, inclusive no material mais denso, suas sombras geniais. Já parou para observar uma simples cadeira? Estabilidade abraçada com generosidade: estável e equilibrada em sua base para generosamente oferecer descanso ao caminhante esgotado... Se além de usar as cadeiras aprendêssemos com elas, talvez essas duas virtudes também nos tornassem seres geniais, em nossa capacidade de ser fator de soma para o mundo: estáveis e generosos. No homem, essa é uma combinação com resultados potencialmente fantásticos.

Imaginem, se até uma simples cadeira nos ensina a viver melhor... o que não nos ensinaria? Uma vida inteiramente pedagógica, em que não só vemos as coisas e acontecimentos, mas enxergamos através deles, enxergamos a nós mesmos e às leis da vida. Filósofo tem visão simbólica, quer crescer como ser humano, quer abrir caminhos, através da vida, para aquilo que ele pressente existir além dela. Filósofo quer despertar filósofos. Por falar nisso... você está acordado?

> Imaginem, se até uma simples cadeira nos ensina a viver melhor... o que não nos ensinaria?

PRIMAVERA

Quando eu era pequena, nas minhas festinhas de aniversário, usando chapeuzinho-cone de papel colorido com aquele elástico incômodo debaixo do queixo, lembro que algumas pessoas me parabenizavam dizendo: "Completando mais uma primavera!".

Sei que isso é antigo, "lugar-comum" e que não se usa mais. Porém, nesses últimos dias, vendo que a estação se aproxima mais uma vez, parei para pensar: quantas primaveras eu já completei? Já se vão umas cinco décadas em que a natureza traz de volta a primavera, e acho que não alcancei "completar" nenhuma, no sentido de entendê-las, de reter algo delas em mim.

O que é este "eterno retorno" que sempre traz de volta a primavera? Pensava nisso quando a porta do elevador se abriu, hoje de manhã, e eu disse "bom-dia" às pessoas. Na minha juventude, eu era muito resistente a cumprimentar e conversar com desconhecidos (e até mesmo com conhecidos!). Hoje, eu o fiz naturalmente, e não apenas para cumprir com uma convenção social. Com o passar dos anos, nasceu em mim uma percepção de como é rude e irracional ignorar aquele universo que passa diante de você, um ser humano, como se fosse nada. Veio à tona a necessidade de dizer a eles: "Eu te vejo, você existe para mim. Antes de qualquer coisa, desejo o bem para você, hoje". Isso deve ser parte do que o eterno retorno cultivou: quantas portas de elevadores se abriram à minha frente até que, um dia, eu "floresci" para isso? Ainda que escassas, essas flores são verdadeiras: uma conquista.

Vejo um monte de brotos de primaveras humanas aguardando dentro de nós. Quando será que vou reservar dez segundos a mais do meu dia para olhar nos olhos das pessoas, agora, e não apenas cumprimentá-las, mas legitimar minhas palavras com sentimentos? Quando vou conseguir deter a mente e olhar para a vida, pura e simplesmente, e não para os meus próprios limites projetados na vida, deformando-a? Quando vou olhar para as coisas não somente para ver, mas para ver através delas, aceitando esse convite simbólico que todo espaço e todo tempo nos oferecem, de nos levar "de volta para casa", relembrando a origem e o sentido, o mistério por trás de tudo isso? Quando vou viajar na linha do tempo e lembrar de todo o belo que já vi e vivi, recuperar a certeza de que isso tudo ainda existe, de alguma forma, em algum lugar, pois o verdadeiramente belo não morre? Quando vou fechar os sentidos e mergulhar em mim mesma, saciando minha fome de identidade, de paz, de perpetuidade, na mais profunda e intensa das viagens?

Pois é... Quantas primaveras se passaram, mas quantas ainda estão por vir! Primavera, eu te saúdo. Sou parte da natureza a quem presenteias com vida, e uma parte muito especial, pois, através da consciência desperta, dom dos homens, eu posso te perenizar e estar contigo sempre. Quando eu te compreender e viver em maior profundidade, não me deixarás no passar dos ciclos. Soprarás a última velinha do bolo comigo e já não contaremos "quantas primaveras", pois serás única e eu também. Como minha mestra nessa arte, superarás comigo o mistério das coisas que vão e que vêm e penetraremos o mundo das coisas que são. E simplesmente seremos... Para sempre.

> Quantas portas de elevadores se abriram à minha frente até que, um dia, eu "floresci" para isso? Ainda que escassas, essas flores são verdadeiras: são uma conquista.

**Acreditamos
nos livros**

Este livro foi composto em Warnock Pro Light
e impresso pela Gráfica Santa Marta para a
Editora Planeta do Brasil em outubro de 2024.